미래세대를 위한 예측 가능한 재정운용

한국조세재정연구원

2014년 10월 5일 1판 1쇄 인쇄
2014년 10월 5일 1판 1쇄 발행

지 은 이　홍승현·윤성주 / 한국조세재정연구원
발 행 인　이헌숙
표　　 지　김학용
발 행 처　생각쉼표 & 주)휴먼컬처아리랑
　　　　　서울특별시 영등포구 여의도동 45-13 코오롱포레스텔 309
전　　 화　070) 8866 - 2220 FAX • 02) 784-4111
등록번호　제 2009 - 000008호
등록일자　2009년 12월 29일

www.휴먼컬처아리랑.kr
ISBN 979-11-5565-032-5

미래세대를 위한 예측 가능한 재정운용

한국조세재정연구원

목 차

Ⅰ. 중장기 재정운용의 현황과 문제점 ·············· 1

1. 인구구조 및 재정운용 상황의 중장기 변화 ······· 1
2. 중장기 시계의 재정운용 방안 ························ 31

Ⅱ. 국민연금 운영의 중장기 비젼 ···················· 54

1. 국민연금의 사회적 위치 ······························· 54
2. 국민연금 현황 및 문제점 ······························ 61
3. 국민연금 운용에 대한 논의 ··························· 72
4. 국민연금 개혁을 위한 사회적 합의 절차 ········· 95

Ⅰ. 중장기 재정운용의 현황과 문제점

1. 인구구조 및 재정운용 상황의 중장기 변화

가. 인구구조의 고령화와 인구 감소 추세

□ 출산율과 평균수명의 급격한 변화
  ○ (출산율)전후 20여 년간의 높은 출산율이 60년대부터 시작된 산아제한정책으로 급격히 감소

[그림 1] 합계출산율 추이

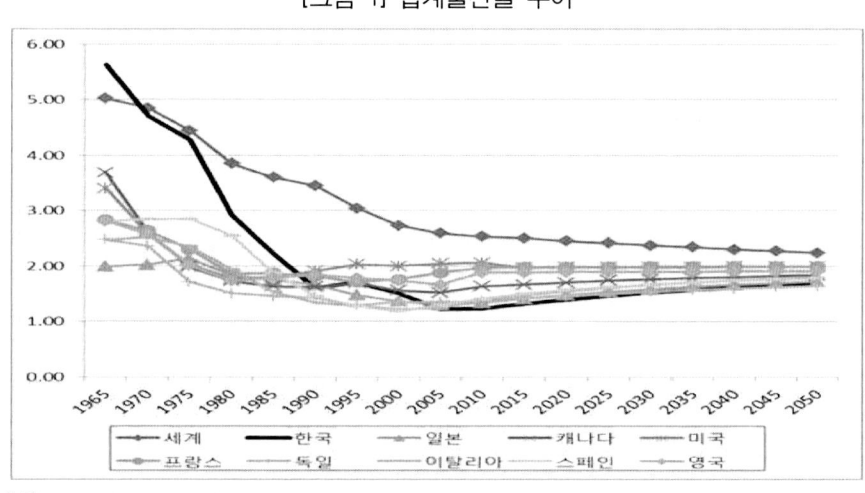

출처: OECD.StatExtract (http://stats.oecd.org)

  - 합계출산율의 감소: 5.63명(1965) → 1.60명(1990) → 1.23명(2010)
  - 2010년 기준 세계 평균(2.24명)이나 미국(1.99명), 프랑스(1.99명)에 비해서 크게 낮고, 선진국들 중 낮은 수준인 일본(1.72명)보다도 낮은 추세 지속 예상
  ○ (평균수명) 의료기술의 발달과 의료서비스의 확대로 유아사망률과 장년층사망률이 감소하면서 평균수명도 크게 증가하여 선진국 수준으로 빠르게 접근
  - 1970년 58.8세에 불과하던 것이, 2010년에는 80.0세로 22세 증가

- 동 기간, 세계 평균은 56.5세에서 68.7세로 증가하여 한국은 거의 2배에 가까운 증가세

<표 1> 평균수명의 변화

(단위: 세)

구분	세계	한국	일본	캐나다	미국	프랑스	독일	이탈리아	스페인	영국
1970	56.5	58.8	71.3	72.1	70.3	71.3	70.7	70.8	71.2	71.7
2010	68.7	80.0	82.7	80.5	78.1	80.9	79.8	81.5	81.2	79.6
2050	75.9	88.4	88.4	85.8	83.5	86.6	85.4	87.3	86.8	85

출처: 통계청

- 향후 2050년까지도 G7국가들이나 세계 평균의 증가에 비해 뚜렷하게 높은 증가추세를 보일 것으로 전망

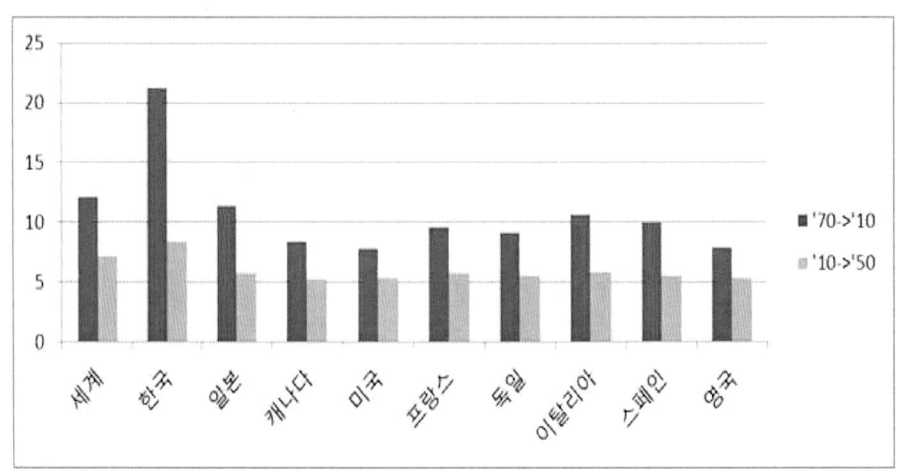

[그림 2] 평균수명의 증가 비교

출처: 통계청(http://kosis.kr)

□ 인구구조의 급속한 고령화 추세 및 장기적인 인구 감소
  ○ 출산율과 기대수명의 급격한 변화는 전체 인구구조의 과도한 고령화를 초래
    - 인구구조의 고령화 추세는 주요 선진국에서 공통적인 현상이나 그 변화 속도는 큰 차이

[그림 3] 노년 부양비(65세 이상/15~64세) 비교

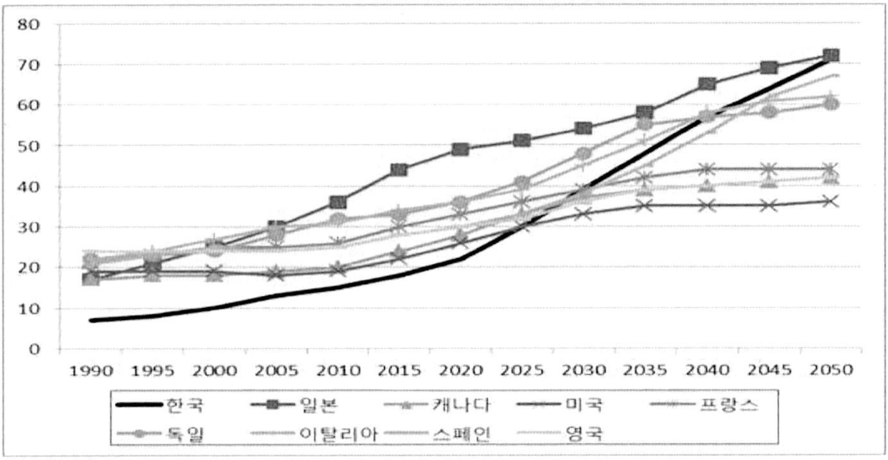

출처: 통계청(http://kosis.kr)

- 경제활동인구의 부양부담 큰 증가
    * '경제활동인구 : 65세 이상 인구' 비율 =10:1(2000) -> 1.5:1(2050)
- 노년부양비: 7%(1990) → 10%(2000) → 25%(2020) → 71%(2050)
    * 1990년 주요 선진국들의 1/3 수준이던 것이, 2050년에는 일본과 유사하게 70%를 넘어서 미국(36%)의 2배 수준에 달할 전망

○ 65세 이상의 인구 비중의 증가 속도는 주요 선진국들은 물론 일본보다도 빠르게 진행
- 고령화사회에서 고령사회로의 전환, 그리고 고령사회에서 초고령사회로의 전환에 걸린 시간으로 볼 때 다른 선진국들에 비해 빠른 속도로 고령화 진행
    * UN 기준으로 볼 때, 65세 이상의 인구 비중이 7%, 14%, 20%로 증가함에 따라, 고령화사회(ageing society), 고령사회(aged society), 그리고 초고령사회(super-aged society)로 구분

[그림 4] 고령화 진행 속도(65세 이상 비율의 변화에 소요된 연수)

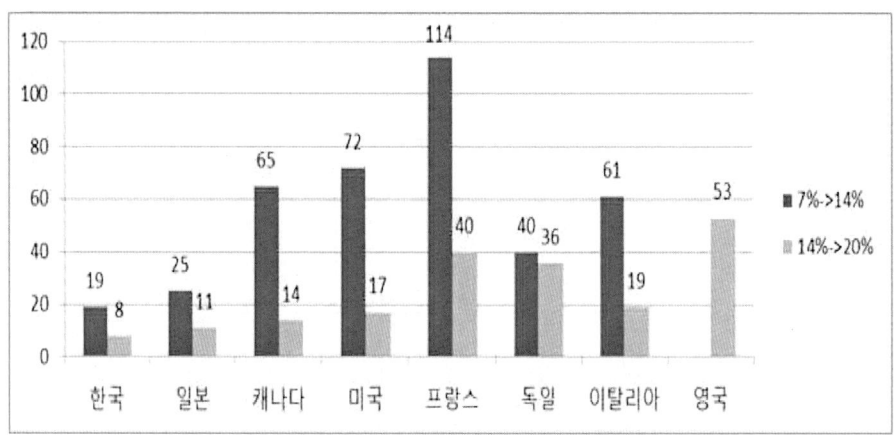

출처: 통계청(http://kosis.kr)

○ 결과적으로 장기에 있어 비정상적인 인구구조와 그를 이은 인구 감소 전망
 - 장기적으로 연령대별 비율의 비정상적인 분포가 예상

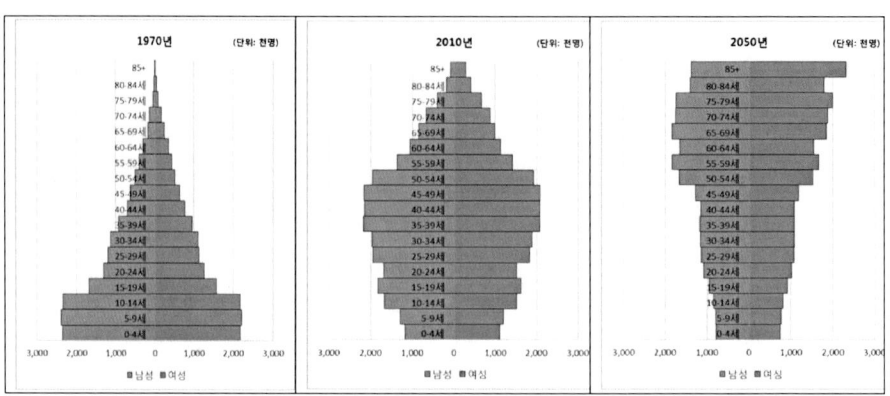

출처: 통계청(http://kosis.kr)

- 2050년에는 현재의 베이비부머세대의 고령화와 지속적인 저출산으로 역피라미드 형태의 인구구조가 예상
- 이는 인구고령화 문제가 심각하게 논의되고 있는 주요 선진국의 원통형 인구구조보다 더 극단적인 분포

<표 2> 주요국 2050년 인구구조 전망

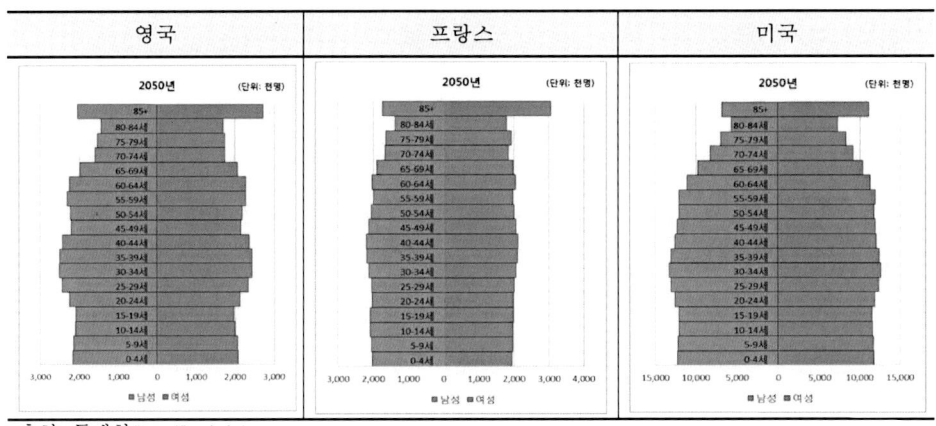

출처: 통계청(http://kosis.kr)

- 2050년대 이후 베이비부머세대의 점차적인 사망과 함께 인구 감소세 증가 예상
  • 총인구 수는 이미 2030년부터 감소세로 돌아서서 2050년에는 현재의 인구보다 적을 것으로 전망
    ∗ 인구 수: 32백만명(1970) → 43백만명(1990) → 49백만(2010) → 52백만(2030) → 48백만(2050)

[그림 5] 총인구 수와 구성의 변화 전망(통계청 중위전망)

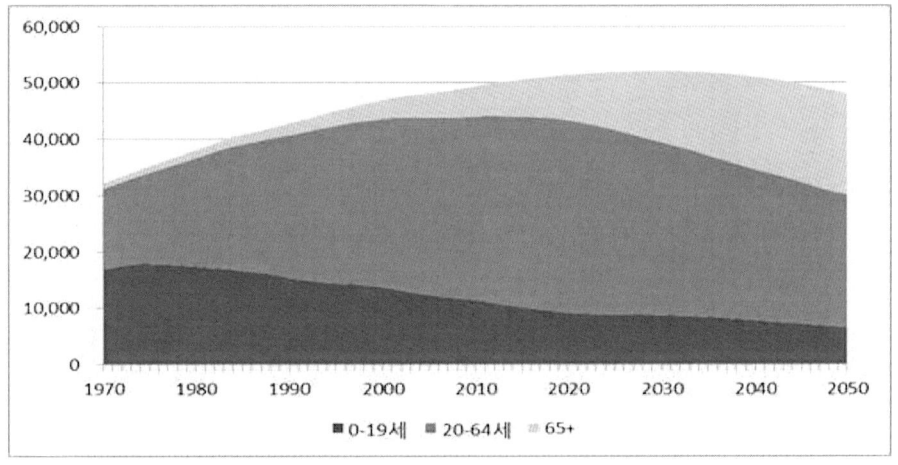

출처: 통계청(http://kosis.kr)

- 특히, 출생률 하락으로 인한 인구감소는 경제활동인구의 감소로 연결되면서 중장기적으로 노동투입의 감소에 따른 잠재성장률 하락으로 연결
- 경제활동인구에의 유입 감소로 평균연령이 지속적으로 상승하다가, 2030년대 이후 베이비부머의 은퇴를 시작으로 점차 하락 전망
    * 경제활동인구 평균연령: 33.7세(1990) → 38.6세(2010) → 42.4세(2030)
- 베이비부머의 점진적 은퇴와 저출산의 지속으로 노령화지수(ageing index)*의 급격한 상승이 예상
    * 노령화지수: 유소년층(0~14세) 대비 노년층(65세이상) 비율

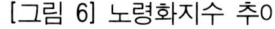

[그림 6] 노령화지수 추이

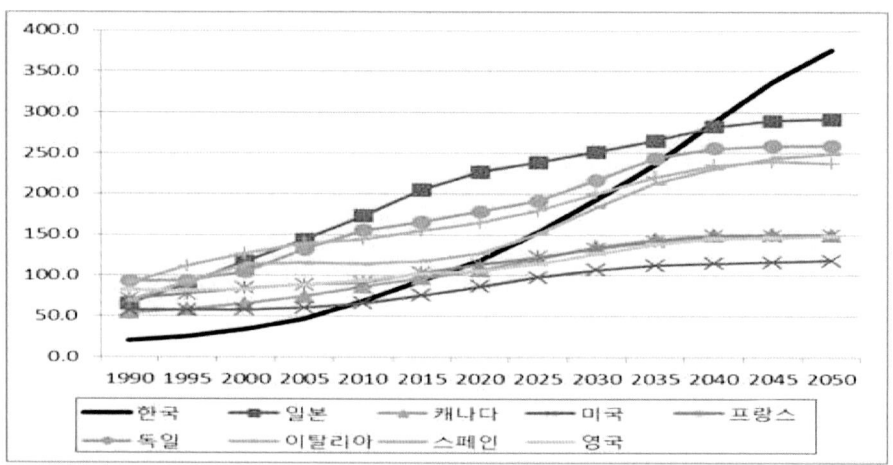

출처: 통계청(http://kosis.kr)

○ 중기적인 인구 고령화와 장기적인 인구 감소는 노동공급의 변화 등을 통한 거시경제적 영향뿐 아니라, 재정에도 다양한 측면에서 영향

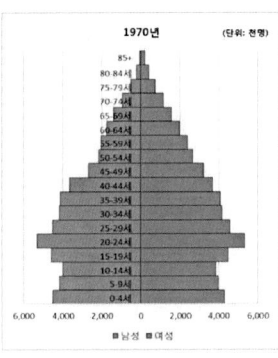
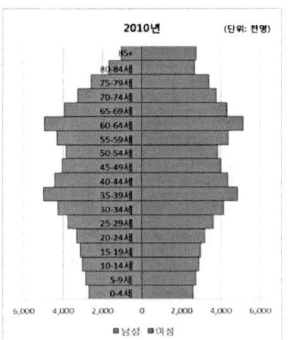
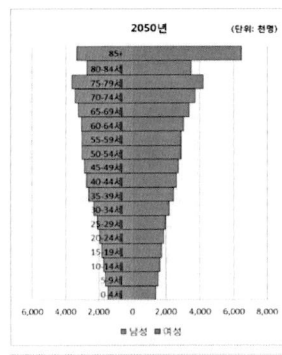

일본

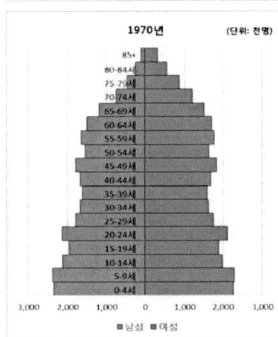
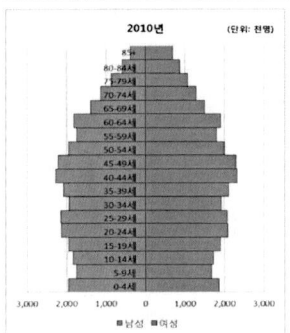
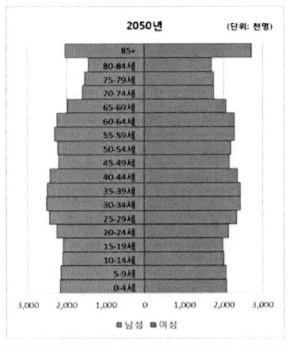

영국

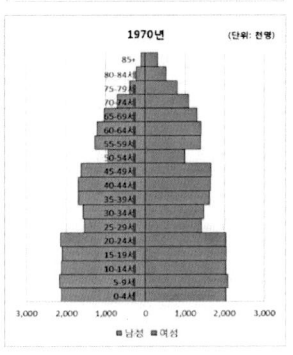
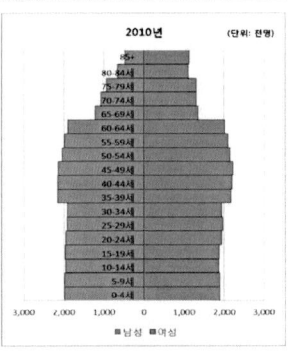
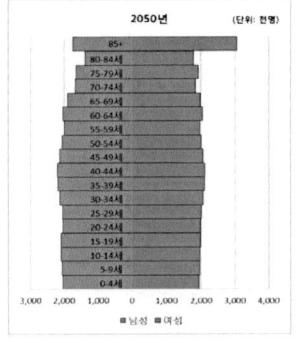

프랑스

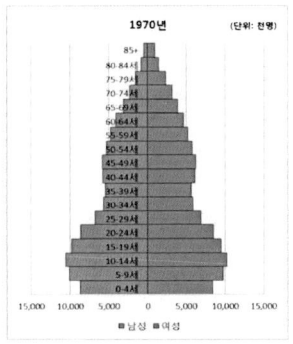
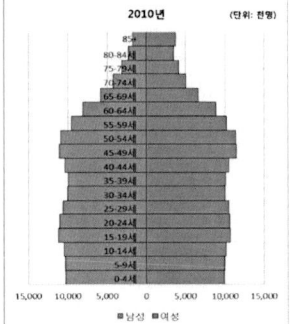
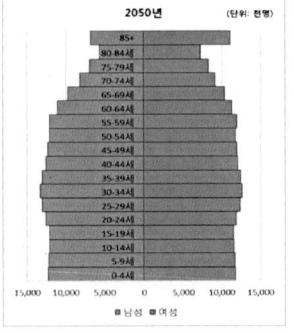

미국

나. 인구구조 변화와 중장기 파급효과

1) 인구구조 변화 효과의 파급 경로

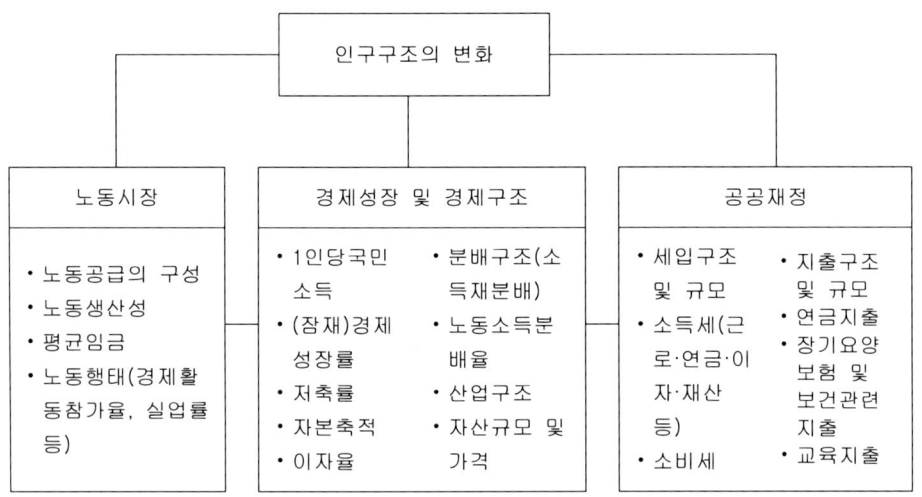

□ 인구구조의 변화는 경제의 여러 부분에 다양한 채널을 통해 영향
  ○ 가장 직접적인 변화는 노동시장의 변화
    - 노동시장 공급자들의 인적 구성의 점진적 변화로, 노동공급의 특성(경제활동참가율, 지역적 이동성, 유보임금 수준, 선호 직종 등)도 함께 변화
    - 노동생산성 및 유보임금 수준의 변화 등으로 노동수요의 기본 환경 변화
  ○ 노동시장을 통한 경제활동의 변화는 점진적인 경제구조의 변화로 연결
    - 경제주체들의 생산성과 소비성향의 변화로 전체 자본축적의 변화 및 이로 인한 경제성장에의 영향
    - 생산의 주요 요소인 노동투입의 변화에 따른 분배 및 산업구조의 변화
  ○ 경제활동을 반영하는 재정수입 측면과 인구 및 경제구조에 연계되는 재정지출에도 영향
    - 거시경제 환경에 영향을 받는 세입 추세에의 영향 및 세수구조에의 영향
    - 재정지출 대상의 변화에 따른 지출구조의 변화

□ 경제의 여러 부분들이 상호작용을 통해 중장기적인 인구 변화에 따른 영향을 지속적으로 확대 혹은 완화시키며 점진적인 변화가 진행

2) 중장기 경제적 영향

□ 노동시장에의 영향
  ○ 노동공급 측면에서 생산가능인구의 고령화 및 점차적인 규모 감소
    - 은퇴연령에 변화가 없다면, 전체적인 생산가능인구의 감소로 연결되고, 이는 중장기적인 생산성 감소로 연결
    - 생산가능인구의 변화뿐 아니라 연령별·cohort별 노동시장 참여 행태도 중장기적 노동력 구성의 변화를 가져오는 문제
      • 경제활동참가율의 성별·연령별 차이가 뚜렷한 추세를 보이며 변화. 이는 단기적인 노동공급 행태의 변화뿐 아니라 해당 연령층의 노동시장 참여에 중장기적인 영향 가능성

[그림 7] 연령별 경제활동참가율 변화

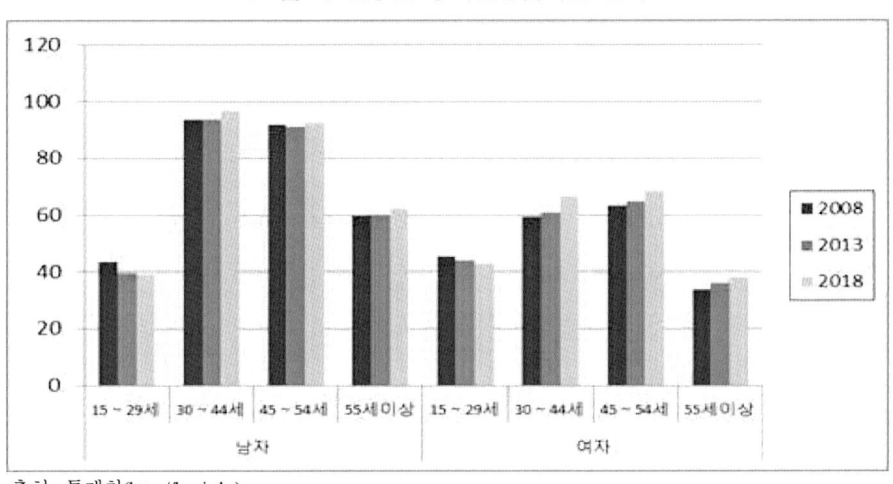

출처: 통계청(http://kosis.kr)

  • 경제활동참가율의 변화추세 일부는 급격한 인구구조 변화에 따른 노동자들의 구성 변화뿐 아니라, 노동시장 참여자들의 본질적인 노동행태 변화도 영향

- 청년층의 변화는 참가율 하락의 행태적 변화가, 고령층의 참가율 증가는 고령화에 따른 인구적 요인이 크게 작용
- 청년층에서의 행태 변화는 특히 낙인효과 등으로 인해 중장기적인 노동시장에서의 영향을 가져올 수 있는 가능성

○ 노동수요 측면에서는 고령화에 따른 전반적인 임금수준의 상승으로 노동수요의 감소와 함께 경제활동의 하향추세가 전망

- 일반적으로 연령과 임금수준은 역U자 형태를 보이고 특히 남자의 경우 그 경향이 두드러짐

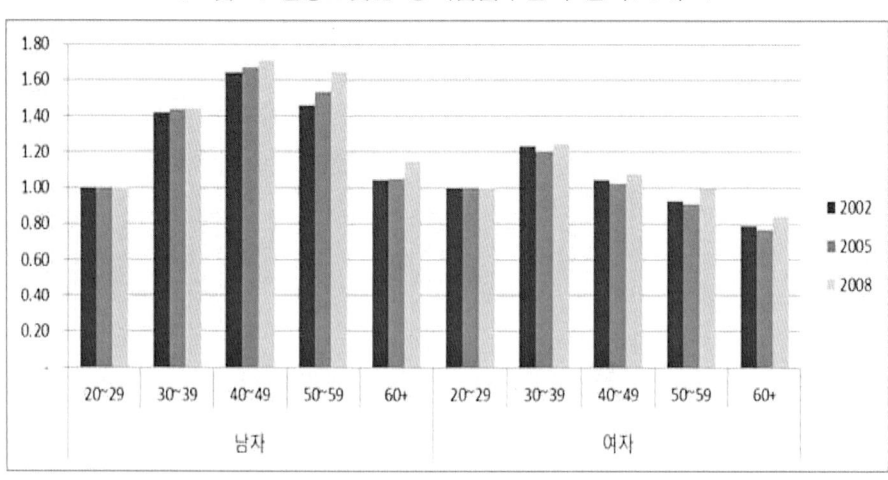

[그림 8] 연령그룹별 상대임금수준의 변화(20대=1)

출처: 통계청(http://kosis.kr)

- 특이한 점은 남성의 경우 20~30대 노동자들의 상대임금에 비해 40~50대, 특히 50대 노동자들의 상대임금에는 전반적인 상승 추세가 두드러짐
- 생산가능인구의 고령화와 더불어 이러한 추세가 이어진다면, 임금수준의 전반적인 상승으로 이어질 것으로 전망

□ 자본 축적과 경제발전

○ 인구고령화는 일반적으로 저축률을 감소시키는 경향

- 부양대상의 증가는 음(-)의 순저축률 집단의 증가로 전체 저축의 감소

[그림 9] 가처분소득 대비 가구저축률

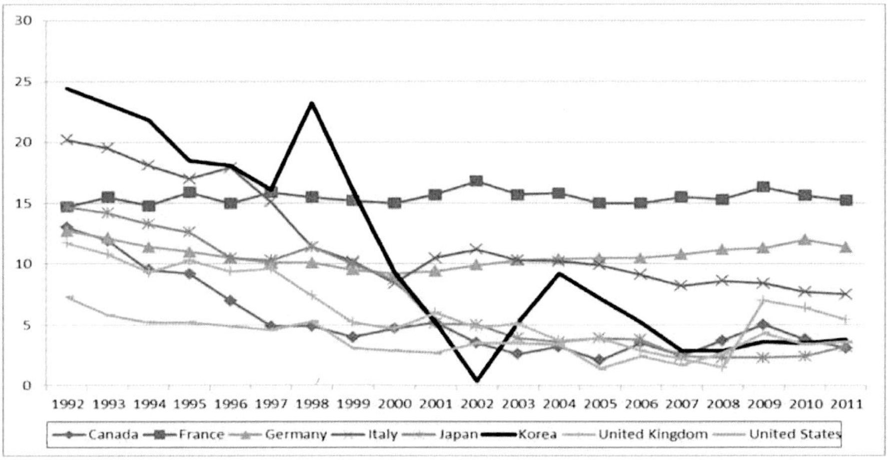

출처: OECD Factbook 2010

- 기대수명의 증가는 은퇴 후 기간의 증가로 예비적 동기의 저축을 늘리는 반면, 은퇴 후 인구비중의 증가는 상대적인 저축률 감소로 연결
  - 일반적 이론에 따르면, 경제주체는 근로기간 동안 저축을 통해 은퇴 후 시기로 소비를 이연시키게 되므로, 인구고령화는 저축률의 하락으로 연결. 현재, 은퇴 후 기간의 증가와 은퇴 후 인구의 증가가 동시적으로 발생
  - 기대수명의 증가는 기대 은퇴기간의 증가로 현 생산가능인구의 저축률을 높이고 소비를 감소시키는 추가적인 영향
  - 따라서, 기대수명의 증가와 함께 전체 인구에서 고령인구의 비중이 증가하는 것이 전체 저축률에 미치는 영향은 두 방향의 상대적 크기에 따라 결정
- 우리나라의 저축률은 지난 20여 년간 크게 감소해 왔고 최근에는 낮은 수준을 유지하는 추세
  - OECD(2012)에서도 지난 10여년 우리나라의 성장률에서 자본투입의 기여도가 상대적으로 많이 낮은 것을 보여주고 있음

[그림 10] 1인당 GDP성장률과 생산요소 기여도(2000~2011)

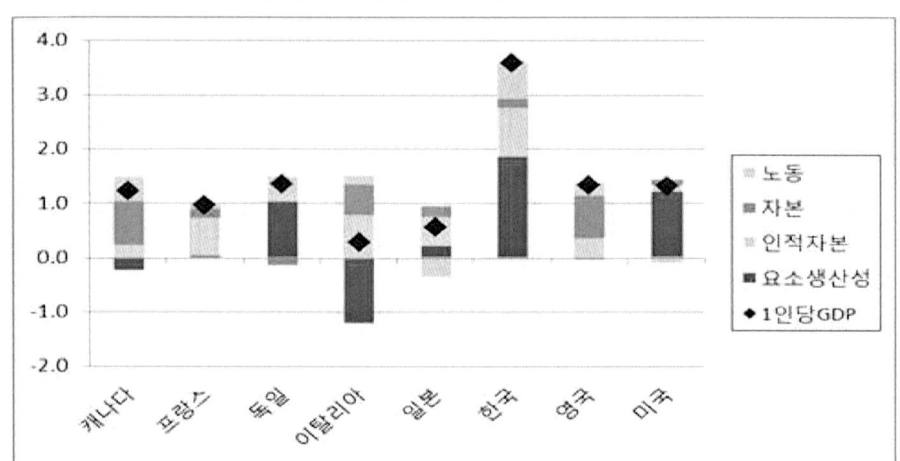

출처: OECD(2010)

- 고령화의 성숙도와 생산가능인구의 비율을 포함한 전체 인구구조의 변화에 따라 장기적으로 저축률에서 다른 전개를 보일 가능성도 있음
○ 총저축의 감소는 투자의 감소를 통해 노동공급의 감소와 함께 잠재성장률에 부정적 영향
 - 총저축 감소와 투자의 감소는 자본투입을 감소시킴으로써 중장기적으로 성장잠재력을 하락시키는 영향
 - 고령화의 노동측면을 통한 영향은, 생산가능인구의 감소를 통해서는 부정적 영향을 미치나, 요소(노동)생산성에 미치는 영향은 불확실
   - IMF(2004)에서는 고령인구 비중이 1% 상승하면 1인당 GDP는 0.041%하락하는 것으로 추계
   - 일부 고령노동자들로 인한 역동성 및 창의성의 하락에 따른 생산성 하락을 지적하기도 하지만, 노동공급의 부족인 기술적 발전을 촉진하는 결과를 가져온다는 주장
 - OECD(2012)의 전망에 따르면 우리나라의 향후 50년 성장(연평균 1.6% 전망)에서, 노동공급은 음(-)의 기여율(-0.3%)을 보이고, 자본투입의 기여도도 없을 것으로 전망

[그림 11] 2011~2050 실질GDP 성장률 전망과 생산요소 기여

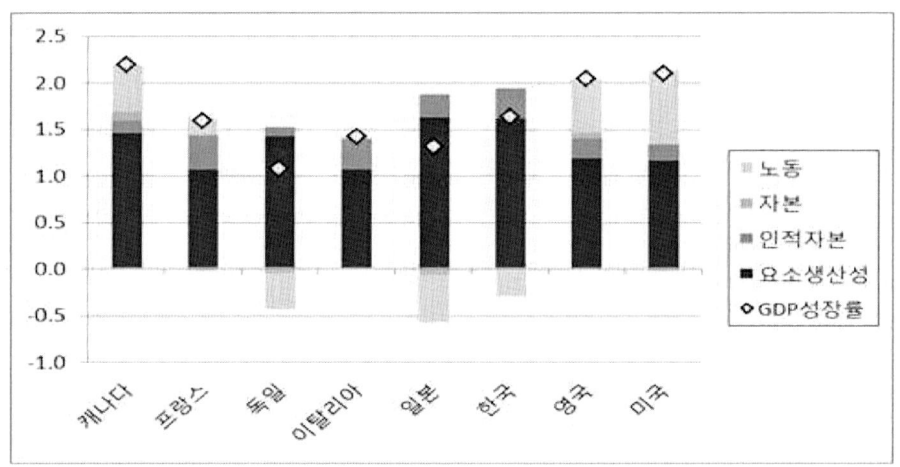

출처: OECD(2010)

3) 재정에의 영향

☐ 공공지출에의 영향

○ 연금재정에의 영향(국민연금재정추계위원회, 2013)

- 장기적으로는 근로인구의 감소와 연금수급대상자의 증가로 국민연금재정의 지속가능성에 큰 문제 예상

  • 현행 제도하에서 2043년까지 국민연금의 적립기금이 GDP 대비 49.4%(2,561조원)까지 증가하고 감소하기 시작하여, 2060년 기금 소멸 예상
  • 고령화와 제도의 성숙화(수급자 규모 증가), 인구감소(가입자 수 감소)가 맞물리면서, 향후 제도의 부양비(수급자/가입자)가 크게 증가할 전망:
    * 가입자 수: 2,062만명(2015) → 1,100만명(2083)
    * 수급자 수: 266만명(2013) → 1,460만명(2068)
    * 부양비 전망: 13.0%(2013) → 112.9%(2068)

[그림 12] 가입자 수 대비 수급자 수의 추이 전망

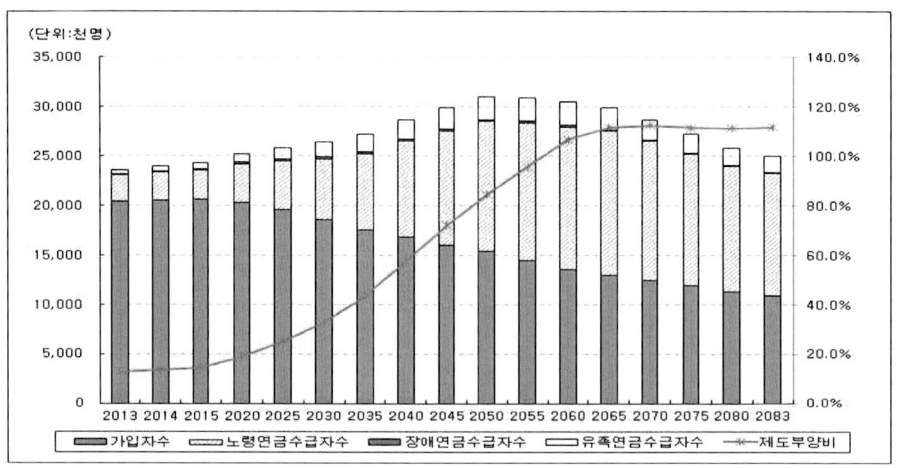

출처: 국민연금재정추계위원회(2013)

- 초장기적으로 인구정책이 가장 근본적인 해법이나, 현재 출산률의 제고가 2060년 기금소진에 미치는 영향은 미미할 것으로 전망
  - 다만, 인구증가에 따라 장기적으로 비용률*이 크게 하락하여 미래세대의 연금부담이 하락하는 효과
    * 비용률: 매년의 보험료 수입만을 재원으로 연금제도가 운영(완전부과방식)한다고 가정할 경우, 매년 필요한 보험료율

○ 보건지출에의 영향
- OECD(2013a)에 따르면, 지난 20여 년간 1인당 공공의료비 지출의 연평균 증가율이 회원국 평균의 2.5배

<표 3> 공공의료비 지출 증가의 요인 분석

(단위: %)

국가	1인당 실질 의료지출 연평균 증가율[1]	증가요인별 기여		
		연령효과	소득효과	기타[2]
캐나다	2.6	0.6	1.3	0.8
프랑스	1.6	0.5	0.9	0.3
독일	1.7	0.6	0.8	0.2
일본	2.7	1.2	0.9	0.7
한국	11.0	1.1	3.1	6.5
영국	4.6	0.2	1.5	2.8
미국	3.6	0.3	1.1	2.3
OECD 평균	4.3	0.5	1.8	2.0

참고: 대상 기간(1995-2009)
주: 1) 2005년 PPP기준 US$
　　2) 연령효과(인구구조 및 연령별 건강), 소득효과를 제외한 나머지(제도 및 정책 변화, 기술 변화, 상대가격 변화 등)
출처: OECD(2013a)

- OECD 평균적으로도 소득효과나 기타효과가 공공의료비 지출에 더 큰 영향을 주지만, 우리나라의 경우 특히 회원국들 중 기타 요인에 의한 증가가 가장 큰 역할
- 향후 고령화가 진척됨에 따라 연령효과에 따른 증가가 두드러지게 증가할 뿐 아니라, 이미 확대되어 온 기타 요인들을 통한 증폭 효과도 클 것으로 전망
- 장기요양보험 관련 비용도 고령화에 따라 큰 증가가 예상

<표 4> 장기요양보험의 현황 및 추세

(단위: %)

국가	장기요양 공공지출 (GDP 대비 비율)	장기요양관련 공공비용 연평균 증가율[1]	
		건보+사회지출	기관/재가
캐나다	1.3	3.1	3.2/2.5
프랑스	1.8	4.7	4.7/6.9
독일	1.0	2.4	1.7/3.1
일본	1.8	12.5	2.6/7.3
한국	0.6	43.9	43.1/81.7
스페인	0.7	4.8	4.0/8.0
미국	0.6	3.1	-
OECD 평균[2]	1.6	4.8	4.1/5.0

주: 1) 대상 기간: 2005-2011
　　2) 한국제외 장기요양제도 보유 국가들 평균
출처: OECD(2013b)

- 장기요양보험에 대한 지출의 GDP 대비 비중은 현재 상대적으로 낮은 편이나, 비인구적 요인(제도 확대 등)으로 인한 증가세는 국제기구 평균에서 제외될 만큼 **빠른** 증가를 보이고 있음
- 고령화에 따른 재정소요 확대뿐 아니라, 기대수명 증가에 따른 요인도 문제. 특히, 건강수명(healthy life expectancy)의 증가 속도가 기대수명의 증가 속도보다 낮은 현실에서 고령인구의 증가는 장기요양보험의 재정소요의 큰 확대로 연결될 가능성
- 1인당 공공의료비용은 65세 정도를 기준으로 급격히 증가

[그림 13] OECD 국가들의 연령그룹별 공공의료비용

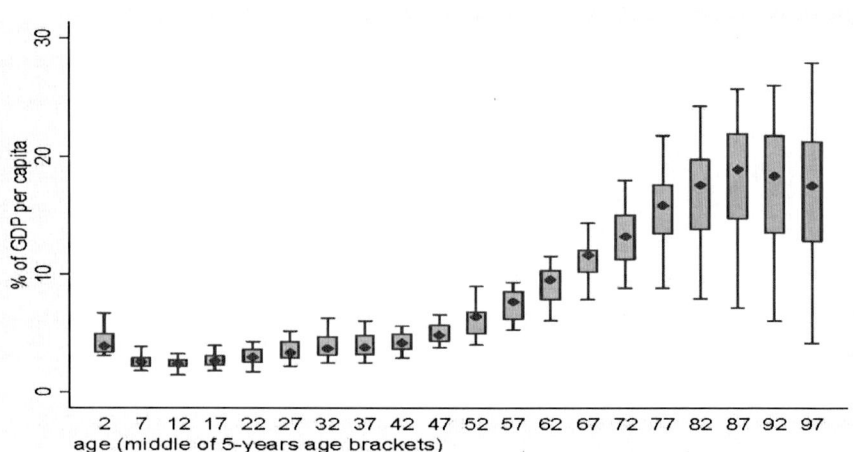

출처: OECD(2013b)

- 1인당 GDP 대비 공공의료비용 비율 평균: 10.1%(60대) → 14.5%(70대) → 17.7%(80대)
- 향후 고령인구 내 초고령층의 비율도 꾸준히 증가할 전망

○ 기타 재정지출 요인들
 - 2014년 도입된 기초연금제도는 인구적 요인의 변화에 따라 확대
   - 정부조정안 추계('14.5월): 10조원(2015) → 229조원(2060)
 - 교육재정지출: 학령인구 및 학생 수는 지속적으로 감소하나, 다양한 교육수요의 창출로 지출축소는 어려울 전망
   - 지방교육재정교부금법에 의해 교육세와 방위세를 제외한 내국세 총액의 고정비율(11.8%)과 교육세의 재원

[그림 14] 65+인구의 연령별 분포 변화

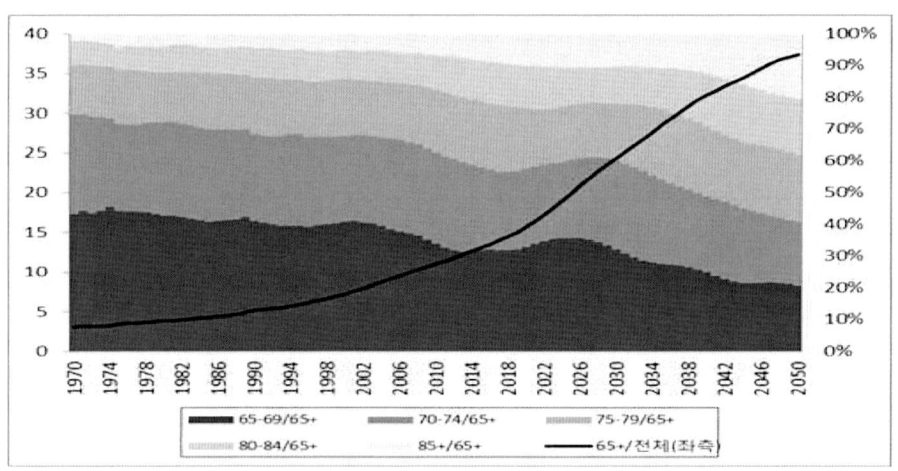

출처: 통계청

- 고령화에 따른 새로운 수요: 성인인구의 교육훈련과 평생교육의 필요성 확대
- 저출산에 따른 수요 확대: 영유아 및 아동에 대한 지원 확대
- 실업급여 지출에 있어 일정 기간 재정수지 압박요인이 될 가능성
  - 경제활동인구의 감소와 함께 전체 수급 대상자는 점진적으로 감소하나, 제도적 확대가 지속
  - 행태적인 측면에서 고연령일수록 실업급여를 신청하는 비율도 높고 수급기간도 상대적으로 긴 경향

□ 재정수입에의 영향
○ 기존 연구들의 대부분은 고령화에 따른 노동의 감소와 성장의 둔화로 세수감소 추세를 지적
- 국민부담률은 꾸준히 증가해 왔으나 얼마나 증가할 수 있을지는 미지수. 주요 선진국들도 정체되어 있는 상태

[그림 15] 국민부담률과 노년부양비의 추세

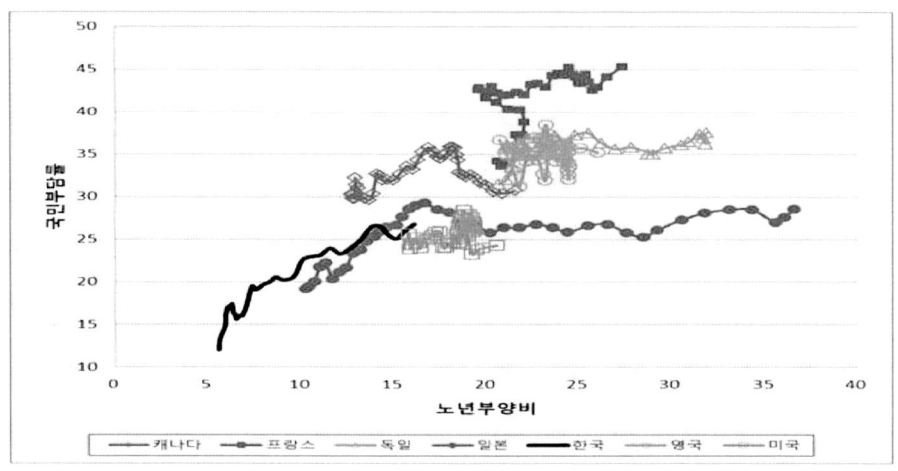

출처: OECD.StatExtract

- 경제활동인구의 1인당 평균 세금부담액이나 근로소득세 부담액(물가상승조정)은 경제활동인구의 평균 연령과 비슷한 추세를 보이면서 증가

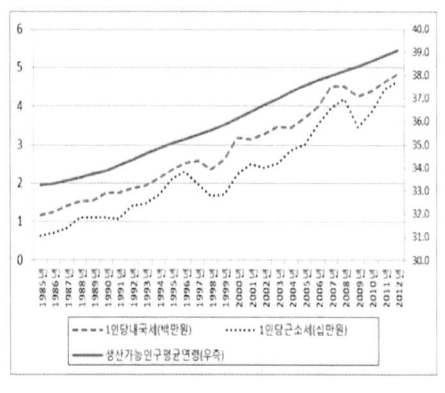 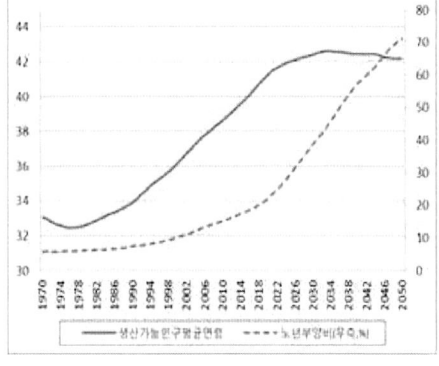

출처: 국세통계연보; 통계청

• 향후 평균연령 증가의 둔화로 현재 1인당 세수의 증가가 지속되기는 어려울 것으로 보이고, 특히 출생률 감소에 따른 경제활동인구 자체의 감소는 1인당 세수의 둔화와 함께 전체 재정수입에 부정적 영향을 미칠 것

○ 소득관련 세수는 노동시장의 변화에 따른 근로소득배분의 변화 및 자산구성의 변화에 따라 영향

- 종합소득세 과세대상 소득의 비중은 점차 50대 이상이 높아지는 추세

[그림 16] 과세대상 종합소득의 연령별 비중

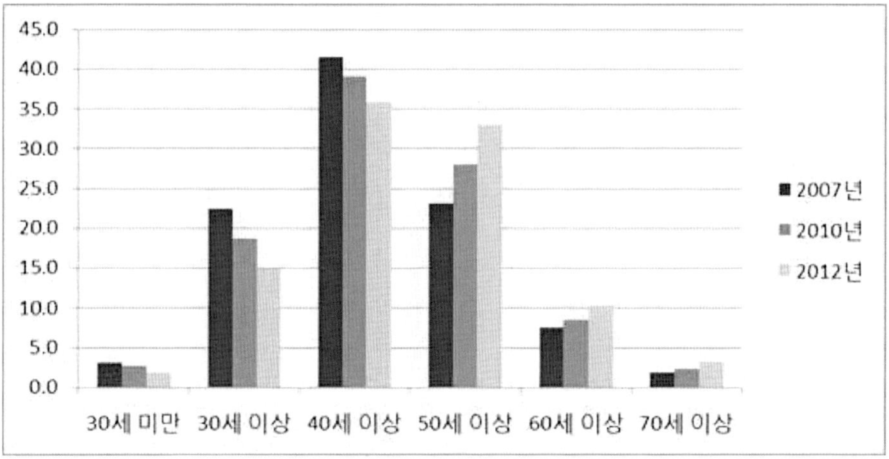

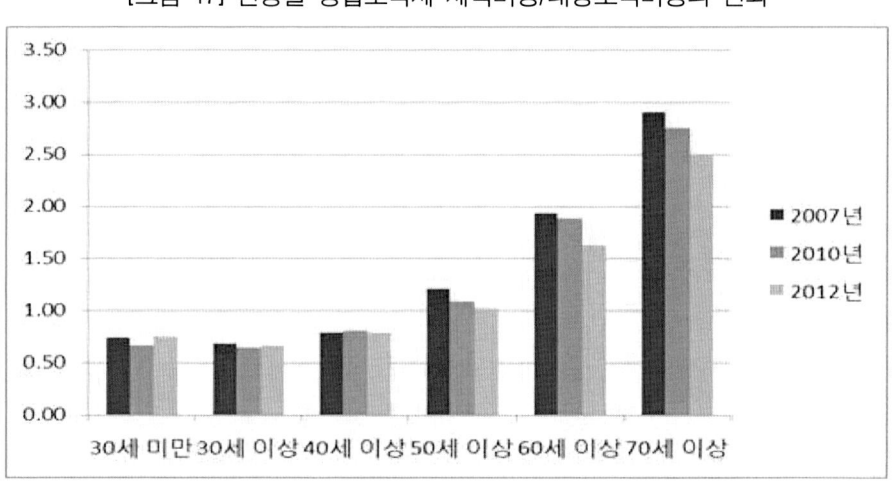

출처: 국세통계연보, 각 연도

- 실제 결정세액에서 50대 이상이 차지하는 비중도 함께 높아지고 있지만, 그 소득비중의 증가에 미치지는 못하는 모습

[그림 17] 연령별 종합소득세 세액비중/대상소득비중의 변화

출처: 국세통계연보, 각 연도

- 근로소득세의 경우, 노인가구에서는 근로소득의 비중이 낮기 때문에 고령화에 따라 감소한다는 측면과 자영업에 비해 근로소득자의 비중이 증가하여 변화 가능성이 작다는 견해
- 자산구성에 있어 비금융자산 대비 금융자산이 증가하면서 이자소득세수의 증가 전망
  - 금융자산에서 주식의 비중이 줄어들고 예금 및 채권의 비중이 증가하여 이자소득세를 증가시키지만, 고령화에 따른 실질금리 하락으로 세수증가 제한 가능성
  - 한편, 고령화에 따른 금융상품의 증가는 개인연금과 퇴직연금 등의 확대로 이자소득세 및 금융소득 과세의 세원이 감소할 가능성도 있음
○ 소비과세의 경우, 인구구조의 변화에 따른 소비패턴의 변화에 영향을 받기도 하지만, 경제사회적 변화를 통한 간접적인 효과의 여지
- 주요국들에서 GDP 대비 소비세의 비중은 지속적인 고령화에도 불구하고 뚜렷한 방향성을 보이고 있지는 않음

[그림 18] GDP 대비 소비세 비중과 노년부양비율

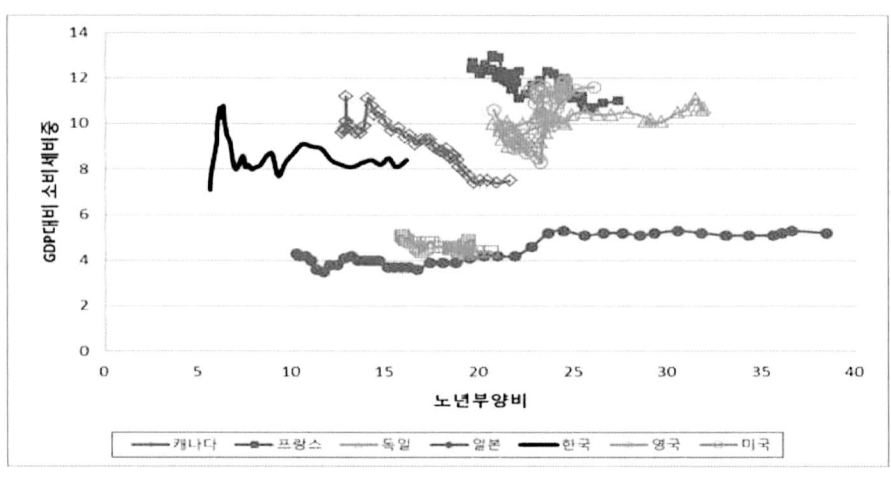

출처: OECD.StatExtract

- 고령화로 부가가치세 면세대상인 의료 및 보건 등에 대한 소비가 늘어나면서 세원분포가 협소해지고, 이는 장기적으로 부가가치세 증가에 부정적 영향
- 개별소비세의 대상품목들은 상대적으로 고령층의 소비가 적은 품목들이지만,

연령별 인구규모의 변화뿐 아니라 행태변화도 고려할 때 뚜렷한 방향성을 제시하기 어려움
○ 자산에 관련된 과세(상속·증여, 자산보유, 자산거래)는 인구구조 변화에 따른 자산구성의 변화와 이자율의 변화, 그리고 국가별 조세구조에 영향
- 주요국들에 비해, 자산과세 비중이 낮은 편은 아니나, 자산보유와 관련된 세수 비중이 낮은 편이고, 자산 거래에 대한 비중은 높은 편
- 향후 주택자산의 상대적인 가격변화와 금융자산의 확대에 따라, 거래관련 세수의 증가세는 제한적일 가능성

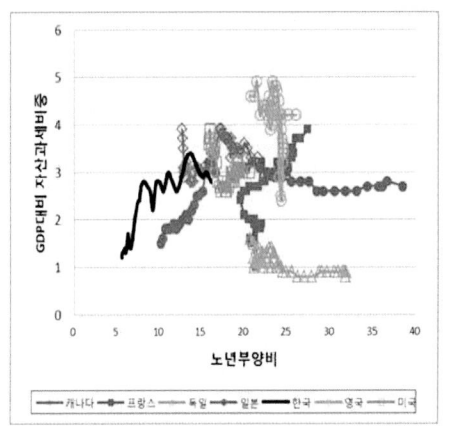 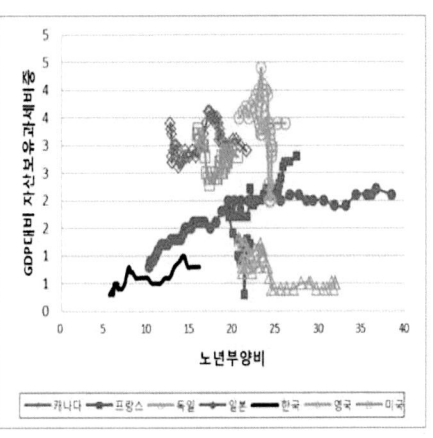

출처: OECD.StatExtract

4) 정책적 변화를 통한 선제적 대응의 필요성

□ 전체 국민의 적절한 생활수준을 보장하는 국가의 역할과 그 역할의 지속가능성을 고려한 의사결정의 필요성
○ 급격히 변화하는 인구구조 속에서, 늘어나는 고령인구를 어떻게 부양할 것인지에 대한 전체 사회의 고민이 필요
- 고령인구의 적절한 생활수준의 보장에 필요한 정책 마련
- 생활수준 보장을 위한 정책이 지속 가능하도록 필요한 재원 마련의 문제
- 재원 마련 방식의 결정은 자연스럽게 세대간 재원배분 이슈, 세대 간 부담의 분담 이슈와 연결

○ 한 사회의 고령인구 부양은 민간과 공공 공동의 적절한 역할 분담이 필요
  - 민간(개인)측면에서는 금융시스템을 이용한 개인의 시점간 재원의 이전 및 가족 내 세대간 재원의 이전
    • 전통적인 방식은 가족을 통한 세대간 부양
    • 금융시장의 발달로 개인적 측면에서 다양한 소비평탄화(consumption smoothing) 수단이 가능
      * 금융기관을 이용하여 여러 가지 방식의 저축, 차입 및 투자 등이 가능
      * 자산시장의 발달로 금융자산뿐 아니라 비금융자산을 통한 소비평탄화도 가능
  - 공공측면에서는 공적 연금을 포함하여 각종 사회서비스 정책 등 세대간 재원배분을 강제하는 제도적 장치를 통한 부양
    • 공적연금의 적정 급여수준(소득대체율) 유지 및 가입범위 설정
    • 기초 연금 및 각종 사회서비스(장기요양을 포함한 의료서비스 및 고령층 대상 복지서비스)
    • 개인측면에서 대응하기 어려운 중기적 경기변동 및 외부충격에 대한 세대간 불평등 보완
      * 글로벌 금융위기 등 개인적 회피가 어려운 거시적 충격으로 개인차원의 소비평탄화 계획에 차질이 있는 경우, 이에 대한 개인의 대처 지원
  - 은퇴 후 개인의 적절한 생활수준을 유지하는 것은 개인의 문제이기는 하지만, 어떻게 공공이 효과적으로 역할을 분담을 할 것인지는 사회적, 문화적 특성이나 정책적 환경도 무시할 수 없음
    • 정책적 결정은 기본적으로 주어진 사회문화적 시스템에 대한 적절한 대응 방식
    • 하지만, 외부적 상황변화를 사회 시스템이 적절히 대응하지 못하는 경우, 선도적인 정책대응으로 경제주체의 행태변화를 이끌어 낼 필요성
    • 특히, 문제가 개인의 생애범위를 벗어나는 경우, 자율적인 유인구조에 따른 문제해결은 어려울 수밖에 없고, 이러한 유인구조를 적절하게 설정해 주기 위한 공공의 역할이 클 수 있음
○ 급격한 인구구조의 변화는 현재의 공공과 민간의 부양역할 분담 방식에 근본적인 한계를 노출
  - 공적연금제도의 지속 가능성 문제

- '03년부터 5년마다 재정재계산을 통한 지속 가능성 평가 및 제도개혁을 추진하나, 제도개혁이 연금재정의 지속 가능성 문제에 효과적인 역할을 못하고 있음
- '07년 2차 제도개혁(급여율인하 등)에도 불구하고, '12년 3차 전망결과 적자 발생시점이나 적립금 소진시점은 불변
  - 현행 제도 유지시 향후 세대의 부담이 급격하게 증가하다 2060년에야 안정화
    * 비용률: 5.2%(2020) → 12.8%(2040) → 21.4%(2060) → 22.6%(2080)
  - 생산가능인구의 감소 및 구성 변화: 생산가능인구에 큰 부분을 차지하는 베이비부머가 점차 은퇴함에 따라 향후 20년 이내에 생산가능인구의 부양부담 증가가 급속하게 빨라지게 될 것
    * 생산가능인구 평균연령은 2030년대 초반까지 증가하다 베이비부머의 본격적 은퇴로 감소 시작
    * 생산가능인구의 연금기여부분의 증가도 줄어들게 되고, 2044년부터는 연금수지가 적자로 돌아서서 적립금이 16년 후인 2060년 완전히 소진될 전망
- 재정을 통한 부양에 필요한 재원의 적절한 조달 문제
  - 기초연금, 장기요양보험 등을 포함한 재정지출 소요는, 고령층의 특성 변화와는 크게 상관없이 고령층의 증가와 함께 꾸준히 증가할 전망
  - 생산가능인구의 감소와 함께 세원은 전반적으로 증가세가 둔화될 것으로 예상되는 가운데, 지속적인 재정소요 대응을 위한 재원대책의 필요성
  - 현행 정책들이, 중장기적으로 인구구조가 변화하는 가운데 재정지속 가능성에 문제가 없는지에 대한 주기적 평가와, 고령층 부양 정책의 유지에 필요한 재원 부담의 세대간 적절한 배분에 대한 논의가 필요

□ 고령화문제에 대해 인구적 요인과 비인구적 요인으로의 분리된 접근과 연령그룹별 동태적 특성을 고려한 중장기적 접근의 필요성
  ○ 경제·사회구조의 빠른 변화와 함께 고령층의 부양 방식 변화와 지속적으로 지적되어 온 노인빈곤율 문제

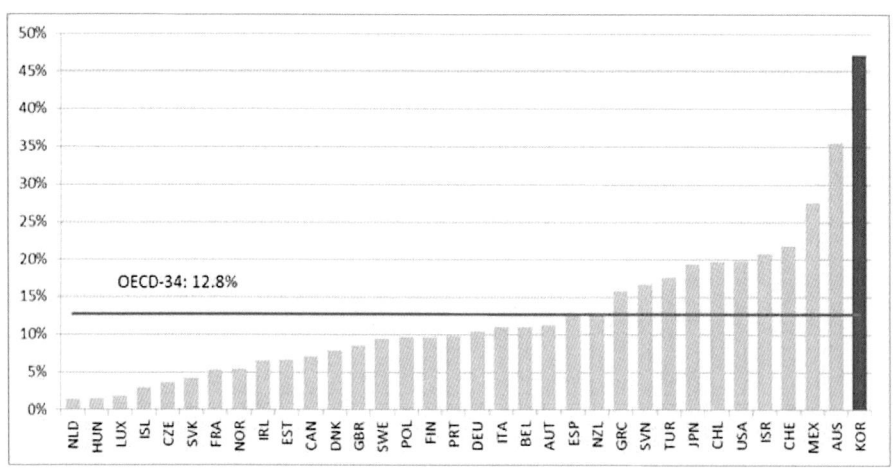

[그림 19] 65세 이상 인구의 빈곤율(중위소득의 50% 미만)

출처: OECD.StataExtract

- 노인빈곤율의 문제는 심각한 수준이나 적절한 중장기 대책을 위해서는 인구경제학적인 다양한 요인에 대한 연구가 필요
  • 현재의 고령층이 OECD회원국의 평균보다 심각하게 높은 수준의 빈곤율을 보이게 되는 인구적 특성
    * 현재의 고령세대는 일제침략기와 6.25 직후까지 출생한 세대로, 70~80년대의 급격한 산업화와 자본주의의 확대의 시기에 경제활동을 한 세대
- 비인구적 요인의 변화를 가져오는 정책결정에 인구적 요인의 특성과 변화추세를 고려할 필요
  • 현재의 문제는 인구적 요인(고령층의 인구적 특성)과 비인구적 요인(연금 및 재정정책의 제도적 환경)이 결합된 결과
  • 중장기 재원 배분의 변화를 가져오는 정책 결정에, 인구적 요인의 변화추세인 향후 고령층 진입세대의 특징을 고려한 중장기적인 시계가 필요
○ 고령화의 진행과 더불어 연령대별 사회적·경제적 특성이 현재의 상황에 미치는 동태적 영향 대한 분석과 그에 따른 적절한 단기와 중기적 대책이 필요
  - 인구적 상황은 아직까지 유리한 편
    • 인구구조상 베이비부머들이 현재 생산가능인구의 상당부분을 차지하며, 재정수입과 사회보장기금의 수입에 큰 기여

- 이들의 점진적인 은퇴는 고령층의 경제적 모습을 바꿀 가능성
    * 중위소득의 변화, 국민연금 가입율 및 기간의 차이, 소득분포 및 불평등도 차이, 자산분포의 차이 등
- 비인구적인 요인들에 대한 정책 변화 결정에 있어 국민경제에 큰 비중을 차지하는 베이비부머들의 생애주기 변화와 경제적 특성을 고려한 논의가 필요
    - 현재의 고령층은 1950년대 초반 출생자들까지이며, 이들의 인적 특성은 현재 은퇴시점에 다가가는 베이비부머 세대들과 상당히 다를 가능성
    - 베이비부머의 고령층 편입이, 노년빈곤율 완화를 위한 정책적 노력에 어떤 결과를 가져올지에 대한 고려가 필요

○ 세대간 이전을 위한 공공시스템에서 생산가능인구 부양부담의 과도한 증가가 전망되는 상황에서 개인적 차원의 시점간 재원이전의 확대를 통해 공공시스템의 부담을 줄일 필요성
- 현재의 인구구조 전망으로는 연금이나 공공서비스의 제공을 위한 재정적 부담의 문제가 심각
    - 공공정책을 통한 경제활동인구에서 고령층으로의 재원이전은, 상대적인 인구구조의 변화로 인해 경제활동인구의 부담이 과도하게 증가
    - 고령층 부양을 위한 재원 부담을 미래세대로 이전(debt financing)하는 것은 세대간 형평성 문제와 갈등을 야기
- 현재의 인구구조 전망에서는 고령층 부양에 민간(개인)의 역할 확대를 촉진시키기 위한 다양한 정책적 노력이 필요
    - 퇴직연금이나 개인연금의 활성화 등 개인적인 측면에서 생애 소비평탄화(consumption smoothing)를 확대할 수 있는 다양한 수단을 제공하고, 개인적으로 이러한 수단을 적극적으로 활용하도록 정책적 유인 구조를 제공할 필요성
    - 고령층의 경제적 특성의 동태적 특성을 반영하여, 사회서비스 수준의 조정을 포함하여 공공의 역할을 지속 가능하게 하는 중장기 시계에서의 정책결정이 필요

< 참고 1> 사적연금에 대한 지원(OECD, 2013)

□ 사적연금에 대한 세제지원 비율이 '13년 기준 OECD 평균(21.5%)보다 낮은 15.7%이고, 연금 선진국들에 비해서는 크게 낮은 수준

OECD 국가별 사적연금 세제 지원 비율

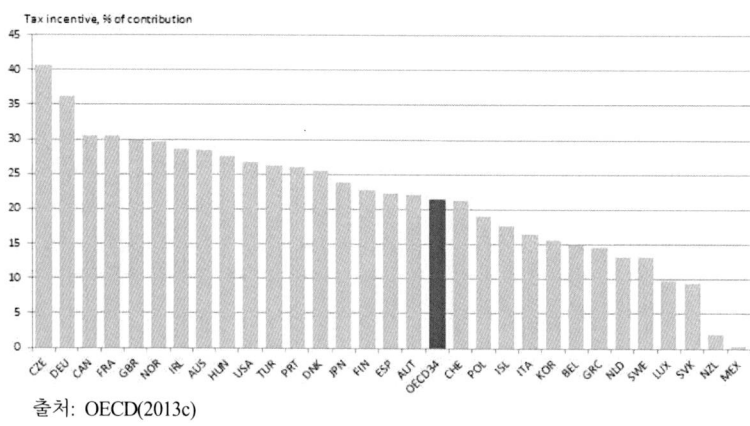

출처: OECD(2013c)

□ 영국의 기업연금제도(NEST: National Employment Savings Trust)

○ 고령화 문제에 대한 논의가 활발한 영국의 경우, 사적연금 활성화를 통한 노후소득 보장 기능 강화를 위해 2012년부터 기업연금제도 도입

○ 자동가입 형태로 연소득 £5,035~£33,540 근로자 대상이며, 기여율은 총 8%(사용자 3%, 근로자 4%, 정부 세제혜택 1%)까지 상향할 계획

□ 독일의 리스터 연금(Riester Pension) 도입

○ 2001년 공적연금의 지속 가능성 확보를 위한 연금개혁법의 일환으로 도입

○ 개인연금에 가입하여 납부하는 기여금에 대해 인센티브 형식으로 보조금 또는 소득공제 혜택을 지원

○ 근로자가 임금의 4% 이상을 개인연금에 납부하면, 소득공제 및 보조금을 지급하며, 소득이 낮고 자녀가 많을수록 많은 보조금 지급

- 보조금 지급을 점진적으로 인상해 왔으며, 가입자도 '05년 4백만명에서 '12년 15백만명으로 크게 증가

□ 미국의 401K

○ 미국의 대표적인 노후보장수단인 확정기여형(DC) 기업연금제도로, 세제혜

택과 함께 기업도 적립금을 지원
- '13년 기준 연 17.5천달러의 소득공제(50세 이상은 23천달러까지 추가)와 투자수익에 대한 비과세 혜택 등 제공

국가별 연금소득대체율

(단위 : %)

국가	공공	민간(강제)	확정기여 (자발)	전체 (강제)	전체 (자발포함)
호주	13.6	38.7		52.3	
오스트리아	76.6			76.6	
벨기에	41.0		15.1	41.0	56.2
캐나다	39.2		33.9	39.2	73.1
칠레	4.8	37.2		41.9	
체코	43.5		39.2	43.5	82.8
덴마크	30.6	47.9		78.5	
에스토니아	27.4	24.8		52.2	
핀란드	54.8			54.8	
프랑스	58.8			58.8	
독일	42.0		16.0	42.0	58.0
그리스	53.9			53.9	
헝가리	73.6			73.6	
아이슬란드	6.5	65.8		72.3	
아일랜드	36.7		43.0	36.7	79.7
이스라엘	22.2	51.1		73.4	
이탈리아	71.2			71.2	
일본	35.6			35.6	
한국	39.6			39.6	
룩셈부르크	56.4			56.4	
멕시코	3.8	24.7		28.5	
네덜란드	29.5	61.1		90.7	
뉴질랜드	40.6		14.1	40.6	54.7
노르웨이	45.7	6.8	11.3	52.5	63.8
폴란드	24.5	24.3		48.8	
포르투갈	54.7			54.7	
슬로바키아	37.6	28.3		65.9	
슬로베니아	39.2			39.2	
스페인	73.9			73.9	
스웨덴	33.9	21.7		55.6	
스위스	32.0	23.1		55.2	
터키	64.5			64.5	
영국	32.6		34.5	32.6	67.1
미국	38.3		37.8	38.3	76.2
OECD34	40.6			54.0	67.9

자료: OECD(2013c)

□ 인구구조의 중장기적인 급격한 변동이 예상되는 상황에서, 다양한 시계(time horizon)에서 문제를 논의하고 정책을 결정하는 방식이 필요
  ○ 여러 가지 정책요구에 대응하는 데 있어 다양한 시계에서 문제에 접근하는 체계적 시스템의 필요성
    - 인구변화는 경제 전체에 미치는 영향이 크지만, 그 변화 속도는 다른 외부상황의 변화에 비해 상대적으로 완만
      • 완만한 변화 속도로 인해 적극적 대응의 필요성에도 불구하고 문제 해결에 대한 정책적 의지의 집중이 어렵고, 세대간 형평성 문제에 있어서도 정치적 이해관계가 복잡해지는 문제
      • 완만한 변화 속도는 문제에 대한 대응이 빠를수록 중장기적인 부담의 분배도 효과적일 수 있다는 의미일 수 있음
    - 고령화관련 많은 논의들은 현행 시스템이 베이비부머의 고령화를 감당할 수 있는지의 문제에 큰 관심
      • 혹은, 중기적 방향성보다는 현재 시점에서의 단기적 문제점 해결에만 중점을 둔 논의
      • 이러한 논의를 통한 비인구적 요인의 정책 변화는 중기적으로는 더 큰 문제를 가져올 가능성도 있음
      • 극단적으로 초장기적 시계에서는 베이비부머의 인구효과가 사라지고 더 작은 인구 규모로 수렴하는 상황에 대한 것도 고려할 필요
    - 비인구적 요인에 대한 정책적 변화의 결과가 단기-중기-장기-초장기에 미치는 영향에 대한 체계적인 검토가 필요
      • 현재의 정책 결정이 중장기 시계에서 어떤 영향을 가져오는지, 현재와 중기적 시계에서 문제 상황에 어떤 변화가 전망되는지에 대한 검토
      • 추가적으로, 향후 상황의 변화방향 전망과 이에 대응하는 잠정적 정책변화 방향 필요성에 대한 논의가 동시에 필요
  ○ 제도의 장기 지속가능성을 위한 대응방식에 사회적·정치적 합의의 필요성
    - 향후 상황은 인구적 요인과 비인구적 요인이 동시에 작용하여 변화하며, 이에 대한 정책적 대응은 적절한 재원이 필요
    - 비인구적 요인들의 변화는 정책적 판단이 필요하나 이에 따른 부담과 혜택의 변화로 인해 정치적으로 상당히 어려운 문제
      • 현재의 유권자들과 미래의 유권자들 사이의 재원 배분의 정도에 대한 결정

* 현재의 혜택 감소를 위해서는 현재 유권자들의 수혜를 줄여 미래 세대들의 부담을 줄이는(혜택을 늘리는) 정치적 결단이 필요
- 특히, contribution의 기간이 끝나고 benefit의 대상이 되고 있는 고령층의 정치적 설득이 어려운 상황에, 이 그룹의 상대적 인구비중도 높아지는 상태
  * 상대적 규모의 감소로 경제활동인구의 부담능력이 부족한 경우, 가까운 혹은 먼 미래세대로부터의 차입이 필요하고, 이는 현재세대가 결정권이 없는 미래세대로의 일방적인 채무이전
- 결국 인구적 여건의 점진적 악화에 따른 비인구적 요인의 개편 필요성이 정치적 문제로 점점 미뤄질 가능성이 높음
  * 최악의 시나리오는, 더 이상 감당할 수 없는 상황에 당면하여 높은 사회·경제적 비용을 치루며 개혁을 진행하게 될 가능성이 있음

○ 장기적으로 '자동적'인 조절장치 도입의 필요성
- 비인구적 요인들의 변화에는 사회적·정치적 합의가 필요하며, 이는 세대간 갈등의 요소를 다분히 포함
  - 경제적 자원의 세대간 이전이 양방향으로 일어나기가 어렵다는 근본적인 문제
  - 부과식 연금과 재정의 사회보장지출 등은 현재의 경제활동인구가 고령인구로 자원을 이전하는 형태
  - 경제활동인구와 고령인구의 상대적 규모의 차이로 인해, 적절한 생활수준에 필요한 이전의 규모 및 경제활동인구의 부담 능력 사이에 괴리가 발생 가능
- 첨예한 이해관계의 대립 속에서 합리적인 결론의 도출이 정치적으로 어렵고 사회적 비용도 높을 가능성
  - 시스템의 지속 가능성을 위해서는 인구적 요인의 변화에 따라 비인구적 요인들의 주기적 검토와 이에 따른 정책 변화가 필요
  - 일반적으로 세대간의 갈등을 내포하는 정책결정에는 필요한 사회적 정치적 비용이 크고 긴 시간이 필요. 또한 적절한 규모의 정책적 변화를 이루어내기가 정치적으로 불가능할 수도 있음
- 사회적 비용을 줄이고 장기적으로 지속가능한 시스템 설정을 위하여, 적절한 조정이 자동적으로 이루어질 수 있는 메커니즘의 도입을 고려할 필요

< 참고 2> 연금 자동안정화 장치 사례[1]

□ 스웨덴의 연금 자동안정화 장치

　○ (배경) 1990년대 불황으로 인한 저성장, 저출산·고령화가 진행되면서 재정 건전성 확보를 위한 연금개혁 필요성 대두

　○ (내용) 기초연금 폐지, 소득연계연금은 확정부과→명목확정기여 방식(NDC; non-financial defined contribution)으로 전환, 연금기금의 지속성 확보를 위해 자동안정화 장치(automatic balance mechanism) 도입

　○ 안정화지수(balance index)에 기초한 자동적인 급여 조정

　　- 재정불균형 상태이면 연금급여는 평균임금상승률보다 낮은 수준에 연동되므로 자동적으로 급여 조정 가능

□ 독일 연금제도의 자동안정화 장치

　○ (배경) 급속한 인구고령화에 따른 재정건전성 문제 해결을 위해 연금급여 산식을 인구경제학적 변화에 자동으로 연동되어 조정 가능하도록 변경

　○ (내용) 지속 가능성 계수(sustainability factor)를 포함시켜 재정안정화 방안 마련

　　- 지속 가능성 계수는 가입자 및 실업자 수 대비 연금수급자 비율로 산정되어 평균수명이나 기대수명 증가로 인한 연금수급자 수 증가, 저출산으로 인한 근로인구 감소 등을 연금급여에 반영 가능

　　- 근로소득이 상승하면 연금급여가 인상되고 반대로 근로소득이 감소하는 경우에는 최대한 연금의 실질가치를 유지하도록 설정

□ 일본 연금제도의 자동안정화 장치(거시경제 슬라이드)

　○ (배경) 저출산 및 연금수급기간 증가 등으로 인해 재정부담이 증가하자 지속 가능한 제도 구축을 위해 2004년 연금개혁을 단행

　○ (내용) 과거소득재평가 및 급여조정계수에 기대여명 및 가입자 수 변화를 반영하는 방식으로 급여자동조절장치 도입(소득대체율 50% 유지가 목표)

　　- 연금수급이 시작되는 시점에서는 임금변동을 고려하여 급여를 조정하되, 이후 시점에서는 물가에 따라 급여를 조정

　　　• 과거소득 재평가 기준(신규): 임금상승률 → 임금상승률-슬라이드 조정률

> 연금액의 연동기준(기존): 물가상승률 → 물가상승률-슬라이드 조정률
>
> .슬라이드 조정률 : 평균 피보험자 수 감소율에 의한 조정분(△0.6%)과 평균 수명 증가율에 의한 조정분(△0.3)으로 슬라이드 조정률은 2025년까지 매년 0.9% 기준

2. 중장기 시계의 재정운용 방안

가. 장기를 고려한 재정운용 시스템

1) 재정운용 시계의 확장

□ 단년도 재정운용의 한계로 중기재정계획의 활용이 확대

  ○ 단년도 예산 시계의 확장은 전망의 측면에서 시작하여 재원관리의 측면까지 다양한 수준

  - 기존의 단계별 분류도 중기계획의 이러한 구체적 특징에 따라 분류하며 다양한 용어가 사용

<표 5> 중기재정계획의 분류

특징	Diamond(2012)	IMF(2007)	Grigoli(2012)
전망위주 ↕ 관리위주	MTFO(FIscal Outlook) MTFF(Fiscal Framework) MTBO(Budget Outlook) MTBF(Budget Framework) MTEF(Expenditure Framework)	MTFF MTBF MTEF	MTFF MTBF MTPF (Performance Framework)

  - 시계의 확장은 전망역량의 강화를 통해 정책의 영향에 대한 거시적 정보 재정총량의 전망을 제공함으로써 의사결정을 위한 정보 제공으로 시작(outlook)

---

1) 윤석명 외(2012), Börsch-Supan & Wilke(2006), World Bank(2006), 일본후생노동성(http://www.mhlw.go.jp/nenkinkenshou/finance/popup1.html)

- 다음 단계는 예산의 결정과 집행의 도구로서 합의를 통한 의사결정의 수단으로 사용(framework)
- 그 내용의 구체성에 따라서도 단계를 나눌 수 있음
  - 단순 거시재정 총량에 관한 것(fiscal framework)
  - 개별 기관/부문 정도의 수준에까지 구체화한 단계(budget framework),
  - 지출 프로그램단위까지 세분화하여 성과로 연결되는 단계(expenditure/performance framework)까지 심화

○ 중기재정계획은 단년도 예산으로 확보하기 어려운 재정규율, 배분적·기술적 효율성 등을 제고할 수 있는 효과적 장치(Grigoli, 2012; Harris et al., 2013)
- 재정규율 측면에서 재정건전성을 제고
  - 단년도 정책결정의 다년간 재정 영향을 보여줌으로써 근시안적인 의사결정을 제어
  - 다년도 지출한도(총액 및 부문)의 설정을 통해 적자편향 제어
- 다년도에 걸친 전략적 재원배분을 통한 효율성 제고
  - 중기의 정책적 우선순위에 따라 부분별 전략에 상응하는 재원 배분
  - 부문별 중장기 계획과 이에 따른 재원수요 및 전체 재정수입 전망에 따라, 중기적인 시계에서 부문별 재원배분 및 재원대책이 가능
  - 정부 정책에 따른 불확실성 완화로 경제에 긍정적 효과
- 효과적인 예산관리를 가능하게 하는 효과
  - 중기적 재원배분에 대한 예측가능성을 제고함으로써 분야별 다년도 계획을 활성화시키는 효과
  - 이를 통한 리스크 감축 및 재원운영의 경직성 감소

○ 중기계획의 관리 측면의 강화를 위해서는 중기계획의 구속력과 예산과정통합이 큰 이슈
- 중기계획이 관리의 수단이 되기 위해서는 전망의 신뢰성뿐 아니라 계획에 따른 배분이 실현될 수 있는 구속력이 큰 역할
- 이러한 구속력을 바탕으로, 단년도 예산과정에서 중기계획과의 일관성 확보 및 중기계획의 재검토가 이루어질 필요
  - 단년도 예산이 중기계획의 한도를 준수하는 것뿐 아니라, 계획의 중기적 정책방향과의 일관성 측면도 중요
  - 단년도 예산의 영향뿐 아니라, 외부적 상황변화에 따른 전망변화 및 정책변화 필요

성 등을 반영하기 위해, 예산과정 중 중기계획의 조정을 통해 중기계획으로서의 적절성을 유지할 필요
- 정치사이클과 중기계획의 구속력 문제는 해결해야 할 필요성
  • 정권변화에 따른 정책우선순위 변화와 rolling-plan으로서의 중기계획의 구속력
  • 중기재정계획의 본질적 목적(전망 vs. 관리)에 대한 재고 필요
○ 단 관리수단의 개념이 강할수록, 계획의 구체성·경직성과 재정의 탄력적 운용 필요성 사이에서의 조화가 필요
- 외부적 상황에 대한 탄력적인 재정운용을 위해서는 재량적인 재정운용의 여력이 필요
- 중기계획이 너무 세부적이고 강제성만이 강조된다면, 예측하지 못한 상황에 대응할 수 있는 여력이 부족
  • 주요 선진국들에서는 예상치 못한 지출압력을 흡수할 수 있는 여유분(margin)을 명시적인 예비비나 구조적 수지 흑자 목표, 보수적 전망 등을 통해 해결
  • 또한, 일부 외부 상황에 따라 결정되는 것들(자동안정화장치, 이자지급 등)을 다년도 한도에서 제외하는 방식도 사용

□ 다양한 형태의 중기재정계획들이 운용되고 있고, 여러 현실적인 이슈들이 제기
  ○ 지출한도를 설정하는 방식으로 내각이나 입법부의 승인을 받고, 정부가 입법부에 보고하는 형태가 많음

<표 6> 중기재정계획의 운용 방식

중기계획의 형태	국가 수	승인방식	국가 수	감독방식	국가 수
법률(전망 혹은 한도)	5	재무부	2	없음	7
법률(계획과 한도)	11	내각	15	의회 보고	12
계획/한도에 대한 정책/전략	10	의회	10	독립적 감독	3
기타	3	기타	2	기타	7

출처: OECD(2014)

○ 일반적으로 3~4년 사이의 시계에서 다양한 수준의 지출한도를 설정하는 방식으로 운용

<표 7> 중기재정계획의 운용 시계와 대상

한도 대상	한도 설정 기간					국가 수
	2년	3년	4년	5년	6+년	
전체(지출)		칠레, 일본, 이탈리아, 스페인, 스웨덴	호주, 오스트리아, 핀란드, 독일, 네덜란드, 뉴질랜드, 포르투갈, 슬로베니아, 스위스	한국, 멕시코	노르웨이	17
기타 총량 (프로그램/부문)	뉴질랜드	프랑스	오스트리아, 덴마크, 독일, 네덜란드, 포르투갈	캐나다, 한국	미국	10
기관별		아일랜드, 슬로바키아, 터키	에스토니아, 독일, 영국	그리스		7
기타		체코	뉴질랜드, 폴란드			3
국가 수	1	10	19	5	2	37

출처: OECD(2014)

○ 중기재정의 수정은 대부분의 국가에서 매년 이루어짐

<표 8> 중기재정계획의 수정주기

한도 대상	수정 주기				국가 수
	1년 미만	1년	2~3년	기타	
전체(지출)	호주, 칠레, 멕시코	오스트리아, 핀란드, 독일, 이탈리아, 일본, 한국, 뉴질랜드, 노르웨이, 포르투갈, 슬로베니아, 스페인, 스웨덴, 스위스		네덜란드	17
기타 총량 (프로그램/부문)	캐나다, 미국	오스트리아, 덴마크, 독일, 한국, 뉴질랜드, 포르투갈	프랑스	네덜란드	10
기관별		에스토니아, 독일, 그리스, 아일랜드, 슬로바키아, 터키		영국	7
기타	뉴질랜드	체코, 폴란드			3
국가수	6	27	1	3	37

출처: OECD(2014)

2) 재정운용에 있어 장기적 관점의 필요성

□ 재정관련 의사결정은 중기를 넘어 장기적인 영향을 살펴볼 필요
  ○ 장기시계에서는 중기시계의 정보와는 다른 측면에서의 재정정보 활용이 필요

- 일반적으로 10년 이상의 기간에 대한 장기전망 정보는 현 정권의 정책결정이 정권의 시계를 넘어선 미래의 세대(정권)가 직면하는 재정환경에 미치는 영향을 제시
  - 현 세대의 정치·사회적 결정이 미래세대의 재정상황에 미치는 영향에 대한 정보를 제공
  - 비록 직접적인 대상이 되는 세대가 의사결정에 참여하기는 어려우나, 근시안적인 포퓰리즘 정책들의 장기적인 파국 효과에 대한 인식을 확대할 수 있는 역할
- 중기적 시계에서는 보기 어려운 장기의 재정지속 가능성에 대한 정보들을 제공하여 줄 수 있기에, 중장기 재정상황에 영향을 줄 수 있는 현재의 정책 의사결정에 중요한 정보를 제공
  - 장기의 재정지속 가능성이 현재의 의사결정에 어떻게 변화하는지 제시함으로써, 단기적인 재원부담의 이슈에서 장기적인 시계에서의 세대간 부담배분 문제까지 명시적으로 고려 가능

○ 장기에서 전망과 계획의 분리된 접근이 일부 필요
- 중기시계와는 달리 장기시계에서는 관리를 위한 계획과 장기재정전망은 상이한 특성으로 일정부분 구분이 필요할 수 있음
  - 계획은 일반적으로 정책변화를 포함한 구체적 재원배분에 대한 함의를 포함하는 반면, 전망은 기본적으로 정책불변을 가정하는 기준선 전망
  - 또한, 실효성 있는 계획은 안정적 전망에 바탕. 장기에서는 매년 불확실성의 누적적 효과로 인해, 시점이 확대될수록 구체적 계획을 통한 관리에 필요한 수준의 전망 정확성을 기대하기 어려움
  - 전망은 중기와 장기가 방법론에서 큰 차이는 없으나, 매 시점에서의 불확실성 누적에 따라, 정책결정에 직접적으로 반영할 수 있는 정도에 차이가 있음
- 장기재정전망은 현재의 정책 결정을 passive하게 반영하지만, 장기계획(전략)은 현재의 정책결정을 active하게 주도하는 역할
  - 장기계획(전략)은 현재와 중기의 재원배분과 관리 원칙에 기준이 될 수 있는 정책의 방향성(우선순위)을 제시하는 역할
  - 따라서, 중기의 구분보다는 포괄적 범위에서 하위부문 간의 전략적 연계성 등을 포괄하는 장기 종합계획의 의미를 가짐
- 불확실성의 정도와 정보의 의사결정에의 유용성에 따라 적절한 범위도 차이
  - 전망의 측면은 정책적 불확실성이 큰 역할을 하는 재정총량이나 특정 부문에서 초장기 정보 제공에 유용

- 계획의 측면은 재정총량보다는 좁은 범위에서 경제적으로 밀접한 관계를 가진 것들을 포괄하는 범위를 대상. 외부적 불확실성의 영향이 큰 부분이기에 전망에 비해 시계가 짧은 것이 보통이고, 전략적 방향성 위주의 정보

☐ 장기재정전망과 장기재정계획
  ○ 장기재정전망은 일반적으로 30년 이상의 기간에 대한 재정총량의 전망을 통해, 현재의 정책하에서 재정이 지속 가능한지에 대한 중요한 정보를 제공
    - 중기적 시계에서는 보기 어려운 인구나 경제시스템의 추세적 변화 영향이나 정책의 장기적 효과를 파악
    - 지속적인 전망 업데이트를 통해 정책변화에 따른 재정상황 변화와 시스템적 변화의 파악을 용이하게 하고, 체계적인 사전적 정책대응을 가능하게 함.
      - 정부정책의 갑작스런 변화에 따른 혼란을 예방하고, 향후 재정압력과 리스크에 대한 체계적인 대응이 가능
    - 일반적으로 전체 재정총량(재정수지, 지출, 세입 등)을 대상으로 하나, 연금이나 일부 의무지출 항목 등에서도 유용하게 사용
  ○ 특정 분야에 있어서는 10년 내외의 장기계획(전략)이 관련 분야 정책의 전략적 방향성 제시에 유용한 수단이 될 수 있음
    - 정책결정에 중장기적인 고려가 필수적인 부문들에서는 중기적 시계로는 한계
      - 특히 대형 SOC사업들의 경우, 그 완공까지의 시간이 길고 장기적인 시계에서의 비용편익 분석이 필요
        * 이미 일부 SOC관련 장기계획들(항만기본계획, 국가철도망 구축계획, 도로정비 기본계획, 국가식품클러스터 조성 추진, 국제과학비지니스벨트 기본계획 등)이 10~20년 정도의 시계로 운영
      - 다른 분야에서도 정책의 효과적인 추진을 위해 개별적으로 중장기계획을 운용 중
        * 2010년 국과위 조사 결과, 과학기술분야에서 18개 부처 105개의 중장기 계획 운용
      - Europe 2020은 EU회원국들에 10년간 정책방향(성장, 고용, 사회통합 등)을 설정. 캐나다의 New Building Canada Plan은 주정부 인프라 계획으로 하위 기금별(PPP, 지역개발기금 등의 구분) 10년간의 재원 배분 제시
    - 이러한 사업들의 장기계획들을 경제적 관점에서 유사한 부문으로 구분하고 부문별 종합계획의 전략적 가치를 제고할 필요

- 전체적 시각에서의 정책 방향성과 우선순위를 제시할 필요성
- 내부적으로는 해당 사업들의 장기계획들 간의 연계 및 정책적 일관성 유지를 위한 종합적 논의의 체계를 제공
- 중기계획과 예산에서 이러한 전체적 체계와 일관성을 유지하는 정책방향의 구체화를 평가할 수 있는 틀을 제공
 - 장기계획은 전략적 방향성 제시에 있어 정부의 범위를 넘어서는 비전을 공유하는 수단의 역할이 가능
   - 부문별 장기계획은 기본적으로는 정부 재정정책의 장기 계획이지만, 전략적 방향제시의 의미에서 분야에 따라서는 경제 전체의 관련부문들을 포괄할 수 있음
     * 이를 통해, 중앙정부와 지방정부, 공공기관들에서 중장기적 재원배분의 효율성을 제고할 수 있음
   - 이를 위해, 계획의 작성 단계부터 여러 관련 경제주체들의 참여와 의견수렴이 필요하고, 하위부문별 전략 조정 등을 위한 체계도 필요
     * Europe 2020의 경우, EU의 기관들, 회원국, 사회적 파트너와 이해관계자들이 모두 공유하는 전략을 제시

□ 장기시계의 정보와 단기·중기의 의사결정
 ○ 장기시계의 정보들이 연간 예산과정과 중기계획에 직접적으로 연계될 필요가 있다는 주장(Ulla, 2006)
  - 이러한 연계를 통해, 현재의 정책결정에 따른 부정적 효과를 좀 더 이른 시기에 관리하고 교정이 가능
  - 중기계획을 통한 재정관리에 장기적 관점에서의 정보를 반영함으로써 재정준칙 등의 운용에 효과적인 수단을 제공할 수 있음
    - 재원배분에 있어 단기와 중기에 있어서의 재정목표뿐 아니라 장기적인 경제성장과 재정지속 가능성에 대한 정책적인 고려가 가능
  - 효과적인 연계를 위해서는, 전망결과를 재정목표, 중기한도, 또는 의무지출이나 연금 등의 수급자격/급여 설정 방식과 연결하는 방식을 고려할 수 있음 (Anderson & Sheppard, 2010)
 ○ Schick(2005)는 장기전망을 예산과정과 완전히 통합하는 것이 장기적인 문제의 해결에 본질적인 것은 아니라고 지적
  - 단기의 계획을 의미하는 예산과, 미래가 어떻게 전개될 것인지에 대한 전망은

구분할 필요
- 장기전망을 참고하여, 정책변경을 규제하는 것이 예산에 이미 반영되어 있는 불균형을 해소하는 데는 한계
  - 즉, 기존의 문제를 정부가 악화시키는 것을 억제할 수는 있지만, 현재 이미 진행되고 있는 문제를 해결하고 지속 가능성을 제고하는 것은 아님
- 따라서, 장기전망을 예산안과는 별도의 문서로 보고하고, 전망의 주요 결론을 예산에 포함시키는 것이 효과적일 수 있음을 지적
○ 장기이슈를 연간 예산과정에 연계하는 데 Heller(2003)는 다음 4가지 중요 요소를 지적
- 예산문서의 강화: 재정총량의 지속 가능성 문제를 포함하여, 현재 프로그램들의 장기적 배분 및 복지에의 영향
  - 신규 정책변화들의 장기 재정영향 및 지속 가능성 분석
  - 정부의 채무관련 회계기준 강화 및 주요 리스크 평가
- 독립적인 관점: 정책적 영향에서 벗어난 재정전망 및 의견
- 미래세대의 이익 보호 원칙: 현재의 재정정책 결정에 미래세대의 이익이 적절히 고려되도록 할 수 있는 정치적 문제
- 장기 이슈에 대한 공공의 관심 제고

<표 9> 다양한 시계의 재정운용 수단

	시계		
	단기 ↔	중기 ↔	장기
재정총량 ↕ 부문 ↕ 예산항목	예산	중기재정계획	장기재정전망
			장기계획/전략

3) 주요국의 장기재정전망·계획 현황

□ OECD국가들의 장기재정전망 현황[2]
  ○ (담당기관)대부분의 경우 재정당국이나 정부 내 다른 기구들이 담당

<표 10> 장기재정전망의 담당 기관

담당	국가	국가 수
재정당국	호주, 캐나다, 칠레, 덴마크, 에스토니아, 헝가리, 아일랜드, 이탈리아, 멕시코, 뉴질랜드, 노르웨이, 폴란드, 슬로바키아, 슬로베니아, 스웨덴, 스위스, 터키, 미국	18
기타 정부기구	벨기에, 체코, 핀란드, 프랑스, 그리스, 이스라엘, 일본, 한국, 룩셈부르크, 포르투갈, 스페인	11
독립적 기관	오스트리아, 독일, 네덜란드, 영국	4

출처: OECD(2014)

  ○ (전망 빈도 및 기간) 30~50년 기간의 전망을 매년 하는 국가들이 많음

<표 11> 장기전망 기간 및 수정 빈도

구분	10년 이내	11~30년	31~50년	50년 이상	국가 수
매년	에스토니아, 프랑스, 그리스, 멕시코, 폴란드, 슬로바키아, 스페인, 터키	칠레, 일본	벨기에, 캐나다, 핀란드, 헝가리, 이탈리아, 포르투갈, 스웨덴, 영국	덴마크, 미국	20
3년마다			오스트리아, 체코, 아일랜드, 룩셈부르크, 슬로베니아		5
기타	이스라엘		호주, 독일, 한국, 네덜란드, 뉴질랜드, 노르웨이, 스위스		8
국가 수	9	2	20	2	33

출처: OECD(2014)

  ○ (단년도 예산과의 연계) 장기전망과 단년도 예산과의 연계는 전망의 내용이 단년도 예산에 반영된다고 답한 국가들이 상당수 있음

---

[2] OECD(2014)

- 그러나 많은 국가들에서 단년도 예산에서의 전망(중기 포함)이 장기전망 작업에 반영되는 정도이거나, 구체적 연계가 없는 상황

<표 12> 단년도 예산과의 연계

연계 여부	국가	국가 수
연계됨	벨기에, 칠레, 덴마크, 에스토니아, 그리스, 멕시코, 네덜란드, 포르투갈, 슬로바키아, 슬로베니아, 스페인, 터키	12
연계 안 됨	호주, 오스트리아, 체코, 프랑스, 독일, 헝가리, 아일랜드, 이스라엘, 이탈리아, 일본, 한국, 룩셈부르크, 뉴질랜드, 노르웨이, 스웨덴, 스위스, 미국	17
기타	캐나다, 핀란드, 폴란드, 영국	4

출처: OECD(2014)

□ 장기계획 사례와 단기 예산과의 연계

○ Europe 2020은 기존의 리스본 전략(2000)의 약점을 개선하고 향후 10년간의 유럽 성장과 고용에 대한 전략을 제시

- 적용 범위에 있어 회원국들뿐 아니라 EU기관들, 그리고 사회적 파트너들 간에 공유되는 계획

  • 5개의 수치화된 주요 목표(headline targets)와 7개의 정책 조치들(flagship initiatives), 그리고 국가별 개혁프로그램을 위한 10개의 통합 가이드라인(integrated guideline)으로 구성

<표 13> Europe 2020의 전략 체계

구분	Headline Targets	Flagship Initiatives	Integrated Guideline
내용	• (고용) 경활인구고용률 75% • (R&D 및 혁신) GDP 대비 3% • (기후변화 및 에너지) 에너지효율 20% 개선, 온실가스 20% 감축 등 • (교육) 학업중단비율 10% 이하 등 • (빈곤) 20백만명 이상 빈곤 탈피	(Smart Growth) - Innovative Union - Digital Agenda for Europe - Youth on the Move (Sustainable Growth) - Resource Efficient Europe - Industrial Policy for a Globalization Era (Inclusive Growth) - Agenda for New Skills and Jobs - European Platform against Poverty	• 공공재정의 질과 지속 가능성 보장 • 거시경제 불균형 관리 • 유로지역간 불균형 해소 • R&D와 혁신을 위한 최적화된 지원, 지식 트라이앵글 강화와 디지털경제의 잠재력 촉진 • 자원효율성 개선 및 온실가스 감축 • 기업·소비자환경 개선 및 산업 기반 근대화 • 노동시장참여 증진과 구조적 실업 감축 • 숙련노동력 개발, 고용의 질 및 평생교육 제고 • 교육/훈련시스템의 성과 개선, 고등교육 참여 제고 • 사회통합 및 빈곤퇴치 노력 제고

- 장기 전략으로서의 Europe 2020은 European Semester의 체계 속에서 감독되고 관리
  • 회원국들은 Europe 2020을 반영한 정책 결정을 NRP(National Reform Programme)에 정리하여 4월에 SCP(Stability/Convergence Programme)와 동시에 제출
  • 유럽이사회(European Council)는 전략적 목표 달성을 위한 정책 가이드라인을 확정하고, 개별 국가들의 NRP를 이 기준에서 평가
  • 유럽위원회(European Commission)는 European Semester상의 스케줄에 따른 절차를 진행하며 AGS(Annual Growth Survey)를 준비하여, 개별 국가들에 대한 권고(Recommendation)를 발표
- 개별 국가의 중기재정계획(SCP)과 국가개혁계획(NRP)에 Europe 2020의 전략적 우선순위가 반영되어 예산안을 통해 구체화되는 시스템
  • 국가개혁계획은 거시경제 감시(Macro-economic surveillance)와 주제별 조정(thematic coordination)
    * 거시경제 감시: 거시경제적 불균형 및 거시·금융리스크 등에 초점

[그림 20] Europe 2020의 거버넌스

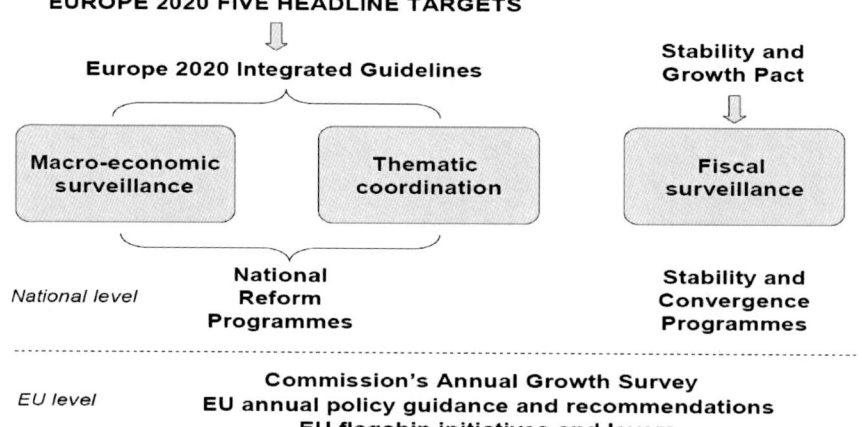

출처: http://ec.europa.eu/europe2020/pdf/annex_swd_implementation_last_version_15-07-2010.pdf

○ 캐나다의 New Building Canada Plan(2014)은 캐나다의 가장 규모가 크고 오래된 연방정부의 최근 인프라계획

- 10년간의 안정적인 자금 제공을 통해, 지방정부의 대규모 인프라 프로젝트를 효율적으로 계획·집행하기 위한 예측 가능성과 유연성을 제고
  - 지방정부(provinces, territories, municipalities) 인프라 프로젝트에 대한 530억달러 규모의 재원 계획
  - Community Improvement Fund에 320억달러, New Building Canada Fund에 140억달러, P3 Canada Fund에 12.5억달러 등
- 2008년의 Building Canada Plan 성공에 이어 예산안(Economic Action Plan 2013)에서 발표
- 2018~19회계연도 말, 전반 5년 기간에 대한 검토를 실시할 계획

○ 뉴질랜드의 Fiscal Strategy Report는 주요 재정지표들에 대한 목표 및 전략을 제시하는 연간 보고서로 장기시계를 포함

- 뉴질랜드 공공재정법에 근거한 보고서로 매년 예산안을 의회에 제출한 뒤 즉시 제출해야 함
- 단기의 재정목표(intention)와 장기의 목표(objective)를 제시하고 이들의 정합성 설명

- 단기의 재정목표는 장기목표에 비해 상대적으로 구체적이고 기존의 목표·전망과 비교하여 차이를 설명하는 방식
- 장기의 목표는 방향성이나 원칙을 제시하는 수준으로 구체성이 낮음
    * 예를 들어, 장기목표는 총부채를 신중한 수준에서 관리하고, 2020년까지 순부채 수준을 GDP의 20% 이내로 낮추고, 이후에는 10~20% 수준으로 관리할 계획. 운영수지는 장기적으로 흑자로 관리할 계획 등
- 장기목표들이 재정지표들의 전망과 정합성을 유지하는지에 대한 설명과, 만일 문제가 있는 경우의 목표 변경내용까지 포함
- 보다 장기적인 시각의 전망인 재무부의 장기재정보고서(Long-term Fiscal Statement)의 시각에서의 장기재정목표에 대한 평가

나. 다양한 재정지표의 특성과 중장기 시계의 재정운용에 필요한 적절한 재정지표 논의

☐ 다양한 재정지표의 특성

- '86 GFS 재정지표
- **(현금주의)** '86 GFS 재정지표는 현금주의 세입, 세출 결산을 기준으로 작성
    • 포괄범위: 일반회계, 특별회계, 기금(금융성 기금 제외), 지방재정
- 우리나라 재정지표는 기획재정부가 발표하고 있으며 '86 GFS 기준으로 산출
    • 통합재정수지: 세입에서 세출과 순융자를 차감한 금액으로, 당해연도 정부의 흑자 또는 적자 규모를 파악
    • 관리대상수지: 통합재정수지에서 사회보장성기금 흑자와 공적자금상환 소요를 제외한 금액으로, 재정건전성을 파악하는 데 용이
- '14 GFS 재정지표
- '14 GFS에는 발생주의 재정지표(table 4.1)와 현금주의 재정지표(table 4.2)를 제시하고 있음
- **(발생주의)** '14 GFS 발생주의 재정지표는 발생주의, 복식부기 재무제표 기준으로 작성(아래 table 4.1 참고) : 발생주의 기준을 활용하는 국가
    • 포괄범위: 중앙정부, 지방정부, 비영리공공기관
    • 순운영수지 (NOB): 수익에서 비용을 차감한 금액으로, 거래에 의한 순자산가치의 총변화와 일치하며 정부가 통제할 수 없는 거래 이외의 가치 변화는 제외

- 총운영수지 (GOB): 순운영수지에서 고정자본소비를 차감한 금액
- 순융자/순차입 (NLB): 순운영수지에서 비금융자산의 순취득을 차감한 금액으로 금융자산과 금융부채의 순거래액과 일치, 정부 활동이 금융 측면에서 기타 경제에 미치는 영향과 일치함
- 기초운영수지: 순운영수지(NOB)에서 이자비용(또는 순이자비용)을 제외한 금액으로 (순)채무의 지속가능성 파악
- 기초재정수지: 순융자/순차입(NLB)에서 이자비용(또는 순이자비용)을 제외한 금액으로 (순)채무의 지속가능성 파악
- (현금주의) '14 GFS 현금주의 재정지표는 현금주의 세입, 세출 결산을 기준으로 작성(아래 table 4.2 참고) : 현금주의 기준을 활용하는 국가
  - 현금수지(현금의 흑자/적자) (CSD): 운영활동에 따른 현금흐름에서 비금융자산의 투자로 인한 현금흐름을 차감한 금액
  - 기초현금수지: 현금수지에서 이자비용(또는 순이자비용)을 제외한 금액으로 (순)채무의 지속 가능성 파악
    * 유동성 관리차원에서 중요한 지표임

[그림 21] 발생주의 재정지표 vs. 현금주의 재정지표

Table 4.1. Statement of Operations		Table 4.2. Statement of Sources and Uses of Cash	
	TRANSACTIONS AFFECTING NET WORTH:		CASH FLOWS FROM OPERATING ACTIVITIES:
1	Revenue	C1	Revenue cash flows
11	Taxes	C11	Taxes
12	Social contributions [GFS]	C12	Social contributions
13	Grants	C13	Grants
14	Other revenue	C14	Other receipts
2	Expense	C2	Expense cash flows
21	Compensation of employees [GFS]	C21	Compensation of employees
22	Use of goods and services	C22	Purchases of goods and services
23	Consumption of fixed capital [GFS]	C24	Interest
24	Interest [GFS]	C25	Subsidies
25	Subsidies	C26	Grants
26	Grants	C27	Social benefits
27	Social benefits [GFS]	C28	Other payments
28	Other expense	CIO	Net cash inflow from operating activities (1–2)
NOB/GOB	Net/gross operating balance (1–2) [1]		CASH FLOWS FROM TRANSACTIONS IN NONFINANCIAL ASSETS:
	TRANSACTIONS IN NONFINANCIAL ASSETS:	C31	Net cash outflow from investment in nonfinancial assets [1]
31	Net/gross investment in nonfinancial assets [2]	C311	Fixed assets [2]
311	Fixed assets	C312	Inventories [2]
312	Inventories	C313	Valuables
313	Valuables	C314	Nonproduced assets
314	Nonproduced assets	C2M	Expenditure cash flows (2+31)
2M	Expenditure (2+31)	CSD	Cash surplus (+) / Cash deficit (–) (1–2M = 32–33)
NLB	Net lending (+) / Net borrowing (–) [GFS] (1–2–31 = 1–2M = 32–33)		CASH FLOWS FROM TRANSACTIONS IN FINANCIAL ASSETS AND LIABILITIES (FINANCING):
	TRANSACTIONS IN FINANCIAL ASSETS AND LIABILITIES (FINANCING):	C32x	Net acquisition of financial assets other than cash
32	Net acquisition of financial assets	C321x	Domestic [3]
321	Domestic [3]	C322x	External [3]
322	External [3]	C33	Net incurrence of liabilities
33	Net incurrence of liabilities	C331	Domestic [3]
331	Domestic [3]	C332	External [3]
332	External [3]	NFB	Net cash inflow from financing activities (33–32x)
		NCB	Net change in the stock of cash (CSD+NFB = 3202 = 3212+3222)

자료: '14 GFSM, p.71 & 74.

○ GFS 발생주의 재정지표의 장점
  - 현금주의가 현금의 유입, 유출시점에만 기록하는 것과 달리 발생주의는 경제적 자원의 변동 여부를 기준으로 기록하기 때문에, 재정상태와 재정운영을 경제적 실질에 부합하도록 산출할 수 있음
  - 자산, 부채는 대차대조표에 요약하고 수익, 비용은 정부운영표(statement of operations)에 요약하여, 그 결과를 체계적, 종합적으로 표시할 수 있음
  - 자산, 부채, 수익, 비용을 동시에 기록하여, stock, flow, transaction, other economic flows 등 복잡한 구조에도 자동으로 검증이 가능
  - 기록시점 등의 차이로 사전에 미래 재정지표의 잠재적 위기 신호를 줌
○ GFS 정부운영표 (statement of operation)의 장점
  - 정부운영표를 통해 연간 정부의 수익, 비용 거래를 한 눈에 파악할 수 있으며, 자산, 부채의 거래와 연계하여 파악이 가능함
  - 현금의 흑자/적자(CSD)가 연간 현금흐름을 보여준다면, 순운영수지 및 순융자/순차입(NLB)은 연간 경제적 자원의 변동을 요약하여 표시
  - 유량은 거래와 거래 이외의 것으로 구분하여, 정부가 통제 가능한 거래만 구분하여 정부정책의 효과성, 효율성 등을 파악할 수 있음(대차대조표 동일)
  - 순운영수지(NOB)를 통해 재정 관리의 건전성 제고, 장기적 재정 관리, 성과 중심의 재정 운영 체계 구축이 가능함
○ GFS 대차대조표 (balance sheet)의 장점
  - 자산 및 부채가 기록·관리되므로 대차대조표를 통해 미래 지향적인 지표를 산출할 수 있음
  - 순자산 규모가 산출되므로 이를 활용하여 재정건전성 및 재정활동의 지속 가능성 분석 가능

[그림 22] 정부운영표, 거래외 경제유량표, 대차대조표

Table 4.1. Statement of Operations	
TRANSACTIONS AFFECTING NET WORTH:	
1	Revenue
11	Taxes
12	Social contributions [GFS]
13	Grants
14	Other revenue
2	Expense
21	Compensation of employees [GFS]
22	Use of goods and services
23	Consumption of fixed capital [GFS]
24	Interest [GFS]
25	Subsidies
26	Grants
27	Social benefits [GFS]
28	Other expense
NOB/GOB	Net/gross operating balance (1−2) [1]
TRANSACTIONS IN NONFINANCIAL ASSETS:	
31	Net/gross investment in nonfinancial assets [2]
311	Fixed assets
312	Inventories
313	Valuables
314	Nonproduced assets
2M	Expenditure (2+31)
NLB	Net lending (+) / Net borrowing (−) [GFS] (1−2−31 = 1−2M = 32−33)
TRANSACTIONS IN FINANCIAL ASSETS AND LIABILITIES (FINANCING):	
32	Net acquisition of financial assets
321	Domestic [3]
322	External [3]
33	Net incurrence of liabilities
331	Domestic [3]
332	External [3]

Table 4.3. Statement of Other Economic Flows	
9	Change in net worth due to other economic flows (4+5) [1]
4	Change in net worth due to holding gains and losses
41	Nonfinancial assets
411	Fixed assets
412	Inventories
413	Valuables
414	Nonproduced assets
42	Financial assets [2]
43	Liabilities [2]
5	Change in net worth due to other changes in the volume of assets and liabilities
51	Nonfinancial assets
511	Fixed assets
512	Inventories
513	Valuables
514	Nonproduced assets
52	Financial assets [2]
53	Liabilities [2]

Table 4.4. Balance Sheet	
6	Net worth (61+62−63)
61	Nonfinancial assets
611	Fixed assets
612	Inventories
613	Valuables
614	Nonproduced assets
62	Financial assets
621	Domestic [1]
622	External [1]
63	Liabilities
631	Domestic [1]
632	External [1]
Memorandum items [2]	

자료: '14 GFSM, p.71, 75, 76.

□ 중장기 시계의 재정운용에 필요한 적절한 재정지표에 관한 논의

  ○ dual system적 접근(현금주의, 발생주의)

   - ('86 GFS 전통적 현금주의) : 현행 유지

    • 관리대상수지 : 사회보장기금의 기형적 구조로 인해 유용한 지표임

    • 통합재정수지

     * 다만 통합재정수지 산출시 현행 '86 GFS 기준에서 '14 GFS 기준인 종합재정수지 (overall fiscal balance)로 변경할 필요가 있음

   - ('14 GFS에 예시된 발생주의 및 현금주의 지표 활용) ([그림 23] 참고)

    • 순운영수지 (NOB) ≒ 순현금흐름(CIO : Net Cash inflow from operating activities)

    • 순융자/순차입 (NLB) ≒ 현금 흑자 / 현금적자 (CSD : Cash surplus(+) / Cash deficit

     * 2012년도 부터 IMF에 순융자/ 순차입 지표는 보고하고 있으나 현금 흑자/ 적자 지표는 보고되지 않고 있음

    • 기초운영수지(primary operating balance) ≒ 기초현금수지(primary cash balance) : **참고지표**

    • 기초재정수지(primary balance) : *순채무의 지속가능성 분석지표*

- **종합재정수지**(overall fiscal balance): 순융자/순차입에서 공공정책 목적의 자산과 부채를 조정한 수치

○ 마스트리히트조약 및 ESA 2010 / OECD의 재정수지: 순융자/순차입 활용
 - 순융자/순차입(NLB)지표가 일반정부 재정수지(General government financial balances)지표로 활용되고 있음('14 GFS와 동일 관점)
 - 순융자/차입의 개념을 활용하면 정부재정 상태를 더욱 구체적으로 파악할 수 있음. 특히 비금융자산의 순투자를 제외하기 때문에 유의미한 지표로 판단할 수 있음. 다만 현재 지표인 종합재정수지와 비교해 볼 때 재정적자가 과다하게 보여질 여지가 있음(약 5조원~ 18조원 규모)

<표 14> 순운영수지 및 순융자 순차입 산출

구 분	2005	2006	2007	2008	2009	2010	2011
1. 수입	240	266	304	311	310	334	359
1.1 경상수입	240	266	304	311	310	334	359
2. 지출	173	190	192	217	238	242	261
2.1 경상지출	173	190	192	217	238	242	261
3. 순운영수지(1-2)	67	76	112	94	72	92	98
4. 비금융자산의 순취득 (순투자)	58	57	59	69	92	76	73
4.1 자본수입	5	5	7	4	5	4	4
4.2 자본지출	63	63	66	73	96	80	77
5. 순융자/차입(3-4)	9	18	53	25	(20)	16	25
6. 금융자산및부채의거래	(9)	(18)	(53)	(25)	20	(16)	(25)
6.1 상환공제융자 (Lending minus Repayment)	7	8	10	7	18	5	5
6.2 보전재원	(2)	(10)	(42)	(17)	38	(11)	(20)

주: ( )는 마이너스를 의미함
자료: 기획재정부, 통합재정통계자료

[그림 23] 1986 GFSM / 2001 GFSM / 2014 GFSM의 분류 비교

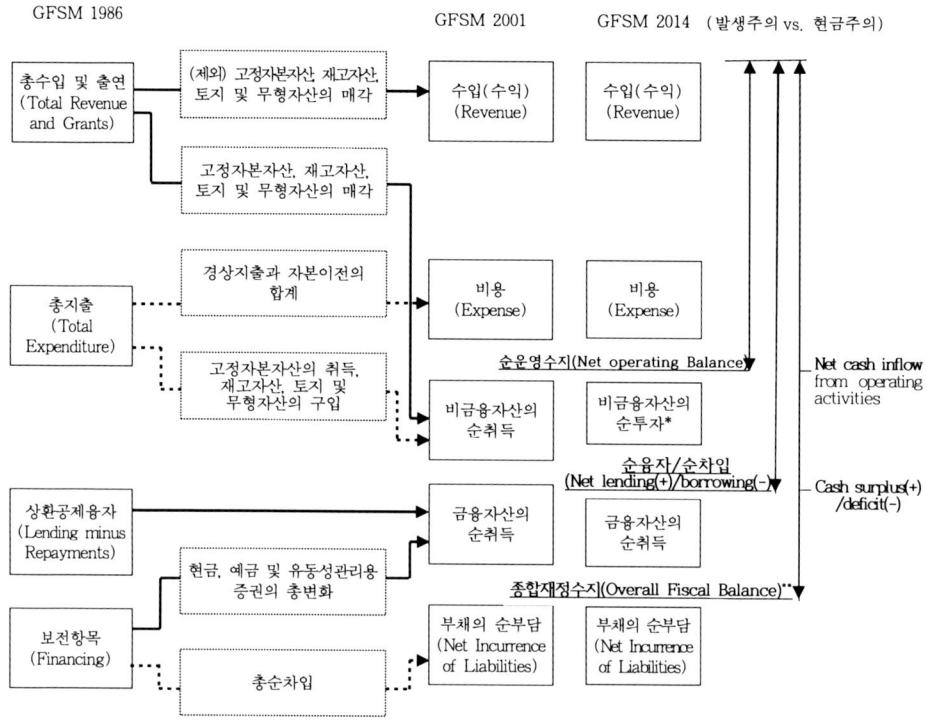

주: 'lending minus repayments'를 순융자로 번역하고 있으나, '14 GFSM 지침의 'net lending'과 혼동될 수 있기 때문에 '상환공제융자'로 번역하였음.
* : 비금융자산의 순투자 (net investment)라는 용어를 활용함.
** : 종합재정수지(Overall Fiscal Balance)는 순융자/순차입에서 공공정책목적의 자산 및 부채를 조정한 수치임. (GFSM, 2014: 83)
자료: IMF, Government Finance Statistics Yearbook 2012, p. x viii; GFSM 2014의 재구성

다. 장기 시계에서 사회적 할인율

□ 사회적 할인율 재고 필요성

○ 사회적 할인율은 공공투자사업의 경제적 타당성을 평가시 편익과 비용의 추정치를 현재가치로 환산하기 위해 사용

- 개별 사업 평가에 사용되는 지표로 국가재정운용 계획과 같이 거시경제적인 방향을 설정하는 데 고려되는 지표는 아님
- 공공재를 생산하는 공공투자의 성격상 편익은 모든 경제주체들이 누리게 되고, 해당 사업이 장기적인 경우 현 세대뿐만 아니라 미래세대도 그 편익을 누린다는

측면에서 개별 사업을 평가하는 지표이지만 미래세대를 위한 재정운용에 있어서 중요한 지표로 활용 가능
○ 개별 사업의 비용과 편익을 추정할 때 현 세대와 미래세대 중 어느 세대에 가중치를 더 부여할 것인가의 관점에서 보면, 미래세대를 위한 사업을 현 세대가 평가한다는 측면에서 장기 재정운용에 중요한 역할
- 예를 들어 편익이 사업 초기에 주로 발생하는 사업들을 평가시 높은 할인율을 적용하면 현 세대를 위한 사업을 주로 실시
- 반면, 편익이 사업 후반 혹은 매우 장기에 걸쳐서 발생하는 사업의 경우 미래세대 입장에서는 필요하지만, 현 세대가 할인율을 높게 책정하면 타당성을 확보하지 못함
- 현 세대가 아직 태어나지 않았거나 정치적 의사결정에 참여할 수 없는 미래세대를 고려하지 않고 높은 사회적 할인율을 적용할 시 해당 사업에서 발생하는 편익은 현재세대가 누리고, 지불해야 되는 비용은 미래세대에 지우는 문제가 발생

□ 사회적 할인율 결정 방법

(1) 사회적 시간 선호율(STPR) 이용

$$(STPR) = \rho + \mu \cdot g$$

○ 사회적 시간 선호율은 시간선호율(ρ), 소비의 한계효용 탄력도(μ), 일인당 소비 증가율(g)에 의해 결정
○ 시간선호율(ρ)
- 일인당 소비가 변하지 않을 경우 추정한 현재 소비에 대한 미래소비의 할인율
- 통상 경제주체들의 저축행태를 통해 추정
- 세후 예금이자율로 추정
○ 소비의 한계효용 탄력도(μ)

$$\mu = -\frac{C \cdot U''(C)}{U'(C)}$$

- 통상적으로 저축행태를 통해서 추정

$$\mu = \frac{r - \rho}{s \cdot (r - y) + y}$$

r: 실질금리, ρ: 시간선호율, s: 저축률, y: 소득 기대증가율

○ 일인당 소비 증가율(g)
- 일인당 GDP 성장률의 장기 전망치로 추정

(2) 기준이자율 이용

○ 대표적으로 미국은 30년 만기 국채로 장기 무위험 시장이자율과 사회적 할인율을 가늠할 수 있음
- 장기 국채 이자율을 이용할 경우 국가위험도, 장기 민간 저축 행태, 경제성장률 등과 같이 경제 전반의 요소들이 균형 국채가격에 반영
- 시장에서 현재부터 해당 국채 만기까지 경제적 요소의 기대치를 모두 반영해서 결정되었다는 측면에서 사회적 할인율로 사용하기에 적합
○ 장기 국채시장이 제대로 작동하지 않고 있으면 사용 불가
○ 한국 역시 장기 국채 시장이 불완전성으로 적용하기 어려움
- 한국은 5년 만기와 10년 만기 국채가 존재하나 이들은 10년 이상 장기 사업에 대한 할인율을 제공하지 못함
- 현재 한국 국채는 시장거래빈도가 낮기 때문에 형성된 국채 가격의 신뢰도가 떨어짐

□ 국가별 사회적 할인율 결정 방식
  ○ 각 국가마다 사회적 할인율을 결정하는 방식이 상이
  ○ (1) 기준이자율 방식, (2) 사회적 시간 선호율 방식, (3) 종합적 접근 방식으로 구분 가능

구 분	국가명	적용방식	할인율	특징
특정 변수 적용 방식	미국	장기 국채 이자율	7%	• 개별사업특성에 따라 사회적 할인율 유연하게 적용 • 7%는 기준분석을 위해 반드시 포함시킴
	일본	국채 실질 수익률	4%	• 자본의 기회비용 측면에서 사회적 할인율 정의 • 실무적인 용이성을 위해 시장 이자율을 참고
	호주	10년만기 국채 수익률	4%	• 기존 8%에서 최근 4%로 낮추어 적용 • 사회적 할인율 조정요구에 따라 다양한 민감도 분석을 제시
	캐나다	① 연기된 사업에 대한 수익률 (the return rate of postponed investment) ② 세후 실질 국내 저축 수익률 (the rate of interest (net of tax) on demostic saving) ③ 외화차입 한계 비용 (marginal cost of additional foreign capital inflow) 이상 세 가지 항목의 가중 평균	8%	• 사회적 할인율을 해당 투자로 인해서 발생할 수 있는 기회비용과 추가적인 비용적인 측면에서 접근 • 3%~10%로 민간도 분석
사회적 시간 선호율 방식	영국	사회적 시간 선호율	3.5%	• ρ=1.5%, μ=1.0, g=2% • 사업기한에 따라 다른 할인율 적용 • 3.5%(0~30년), 3.0%(31~75년), 2.5%(76~125년), 2.0%(126~200년), 1.5%(201~300년), 1.0%(300년이상) • 한 사업 내 사회적 시간 선호율을 차등적으로 적용하는 것은 아님
종합적 방식	EU	① EIB 채권 실질 수익률 2배 ② 사회적 시간 선호율 (3~5%) ③ 평균 실질 성장률(2.5~3.0%) 보다 상회	5%	• 특정 방식으로 설정하지 않고, 사회적 할인율을 정당화하는 다양한 자료를 제공
	한국	① 사회적 시간 할인율 (5.0~5.5%) ② 장기 국채수익률과 금리 스프레드를 이용한 기준이자율 (4~5%) ③ 재무적 할인율(5.5%)	5.5%	• ρ= 1.0~1.5% • μ= 0.7 ~ 1.0 • g= 4% (1인당 GDP 성장률)

□ 한국의 사회적 할인율 결정 방식

　○ 사회적 시간 할인율 방법으로 우선 추정 후 장기 국채수익률과 재무적 할인율을

이용하여 사회적 시간 할인율로 추정된 값을 정당화하는 종합적 방식을 채택
○ 사회적 시간 할인율

$$(STPR) = \rho + \mu \cdot g$$

- ρ = 1.0~1.5% : 세후 예금 이자율

- $\mu = \dfrac{r - \rho}{s \cdot (r - y) + y}$ = 1.0~1.2

변수	변수명	추정값	추정방법
r	실질금리	4.0 ~ 7.0%	3년만기 국고채, 회사채금리
ρ	시간선호율	1.0 ~ 1.5%	세후 예금 이자율
s	저축률	28%	문형표 외(2004) 추정치
y	소득증가율	4.0 ~ 5.0%	일인당 경제 성장률 전망치

자료 : "예비타당성조사 수행을 위한 일반지침 수정·보완 연구", 한국개발연구원 (2008)

- g = 4% : 일인당 GDP 성장률 전망치

○ 장기 국채 수익률
- 5년 만기 국채 실질금리(3~4%)와 3년 만기와 5년 만기 금리 스프레드(1%)를 고려하여 기준이자율을 4~5%로 설정

□ 사회적 할인율에 관한 주요 논의
○ 적정 사회적 할인율 수준

(1) 일인당 소비 증가율

- 현재 사용하고 있는 일인당 GDP 성장률 4.0%는 높게 설정
- 한국개발연구원의 일인당 GDP 전망치를 토대로 시간선호율 1.5%, 소비의 한계효용탄력도 1로 사회적 할인율을 추정하면 사회적 시간 선호율은 일인당 GDP 감소로 인해서 감소할 것으로 판단됨
- 따라서 현재 30년 이상 장기 재정사업에 5.5% 할인율을 적용하면 2020년이나 2030년 시점에 비해서 높게 책정한 것으로 판단됨

연 도	2006~2010	2011~2020	2021~2030	2031~2040	2041~2050	2051~2060
일인당 GDP 성장률	3.8	3.6	2.8	2.1	1.9	1.6
사회적 할인율	5.3	5.1	4.3	3.6	3.4	3.1

주: 사회적 할인율 추정시 $\rho=1.5\%$, $\mu=1.0$ 사용
출처: "장기 재정추계를 위한 거시경제 및 총량변수 전망", 한국개발연구원

(2) 소비의 한계효용 탄력도(이 부분은 포함 여부에 대해서 판단이 필요)

- 정의식에 따르면 Constant Relative Risk Aversion 효용함수를 고려하면, 소비의 한계효용 탄력도는 상대위험회피(relative risk aversion)계수
- 추정된 값이 1이면 효용함수는 로그함수를 사용
- 일반적으로 위험회피계수는 1 이상을 사용하고 있으며, Mehra and Prescott(1985)에 따르면 equity premium을 설명하기 위해서는 5 이상 매우 높은 값을 사용해야 된다고 함
- 높은 위험회피계수를 사용하면 오히려 사회적 할인율이 높아지는 문제 발생

○ 사업 내 사회적 할인율 차등 적용

- 사업 내에서 사회적 할인율을 하나만 적용하는 것은 현재 세대만을 염두해 두고 있는 것이라는 비판이 제기
- Arrow et al.(1966)은 할인율을 측정하는 데 있어서 시장수익률에 의한 기술적 접근보다는 규범적 차원에서 할인율을 낮출 필요가 있다고 주장
- 장기적으로 성장률이 하락할 것으로 예측되는 상황에서는 세대간 할인율 격차가 커지면서 발생할 수 있는 문제점에 대해 고려하여 사업 내 세대간 사회적 할인율을 다르게 적용하는 방안 모색 필요

Ⅱ. 국민연금 운영의 중장기 비젼

1. 국민연금의 사회적 위치

가. 고령인구 전망

□ 2013년 현재, 우리나라 총인구에서 65세 이상 고령층의 비중은 12.2%
  ○ 2000년 65세 이상의 인구비중이 7.2%로 고령화사회로 들어섰으며,
  ○ 2017년 고령사회(14.0%), 2026년 초고령사회(20.8%)로 진입 후,
  ○ 2060년에는 고령층의 비율이 전체인구의 40.1%를 차지할 것으로 전망

[그림 24] 연령계층별 인구 구성비

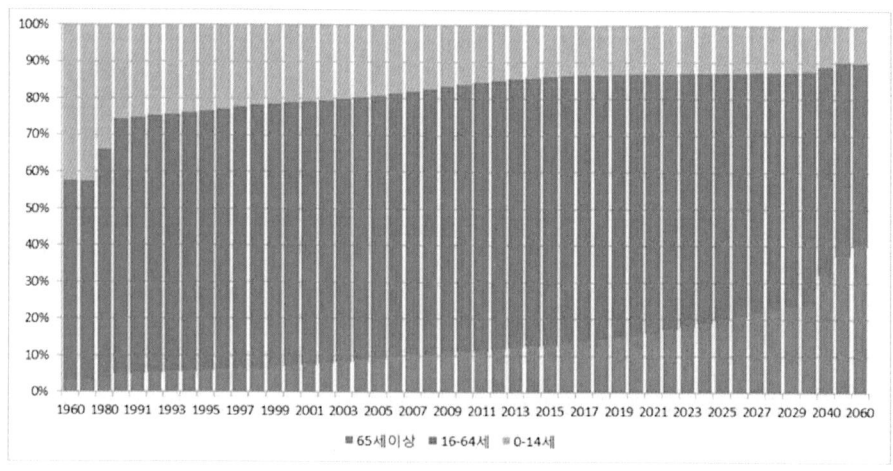

자료: 통계청, 「장래인구추계」 2011.12

□ 따라서, 고령층은 향후 우리 사회에서 정치·경제·사회적으로 중요 위치

□ 고령층의 생활에 있어 소득과 건강이 중요 변수
  ○ $U_{고령층} = f(소득, 건강, etc.)$

○ 통계청의 「사회조사보고서」에 의하면, 60세 이상 고령자가 경험하는 어려움 중에서 경제적 어려움과 건강문제가 높게 나타남

<표 15> 노인이 경험하는 어려움 (60세 이상, 주된 응답)

(단위: %)

연도	경제적 어려움	직업이 없거나 고용이 불안정	소일거리 없음	건강문제	외로움, 소외감	가족으로부터 푸대접	사회에서의 경로의식 약화	일상생활 도움 서비스 부족	노인복지시설의 부족	기타	어려움 없음[1]
2007	**40.1**	3.8	5.3	**40.7**	3.2	0.3	2.1	0.7	2.9	0.9	-
2009	**42.6**	3.3	6.0	**37.2**	3.8	0.1	2.2	1.1	2.5	1.2	-
2011	**40.6**	4.0	6.2	**37.8**	3.7	0.2	2.8	1.0	2.4	1.3	-
2013	**38.6**	3.1	4.7	**35.5**	2.9	0.3	1.7	0.9	1.9	0.2	10.1

주: 1) 2013년 신규항목
자료: 통계청, 「사회조사보고서」, 각 연도

나. 노후소득보장 현황

□ 우리나라의 노후소득보장체계는 World Bank, OECD 등에서 제안하는 다축형 체계를(multi-pillar pension systems) 갖추고 있음

○ 사회보험방식으로 운영되는 국민연금이 공적연금으로써 1층에 존재하여 1차적 안전망으로서의 역할 수행

○ 2층과 3층에는 기업 및 개인이 추가적인 소득보장을 통해 노후 준비

○ 0층에는 스스로 노후소득을 준비하지 못한 저소득 고령층을 지원하기 위한 기초생활보장제도와 조세로 지원되는 기초연금제도가 존재

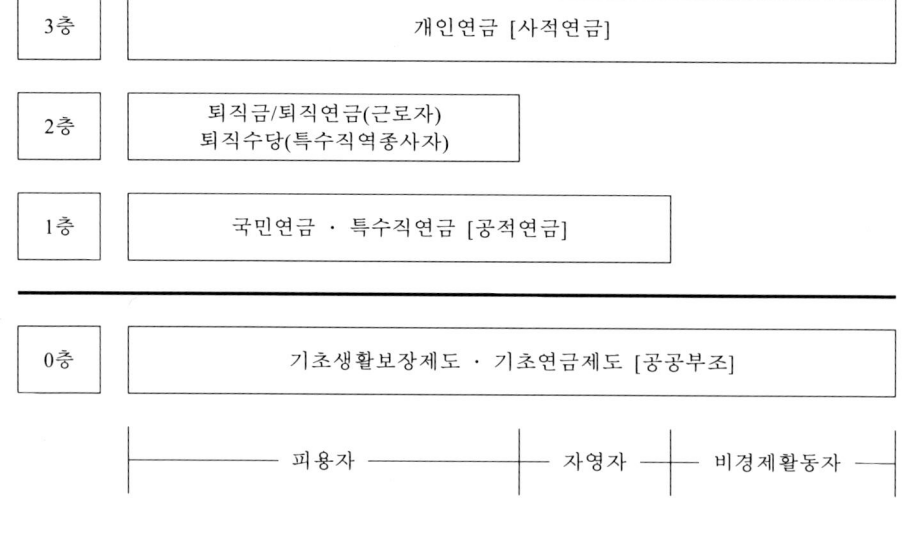

[그림 25] 우리나라 노후소득보장체계의 구조

□ 이와 같은 제도가 갖추어져 있으나, 우리나라 노인빈곤율*은 47.2%(2011년)로 OECD 국가 중 가장 높은 수준

  ○ 이는 OECD 평균 12.8%의 3.7배 수준

  ○ 2007~2010년 기간 동안, 우리나라의 노인빈곤율은 2.6%p 증가

   - 같은 기간 동안, 24개국의 노인빈곤율 감소, 9개국 증가

   - 한국은 터키에 이어 두 번째로 크게 증가

     * 가처분소득 기준, 중위소득 50% 미만

[그림 26] OECD 국가 노인빈곤율(%)

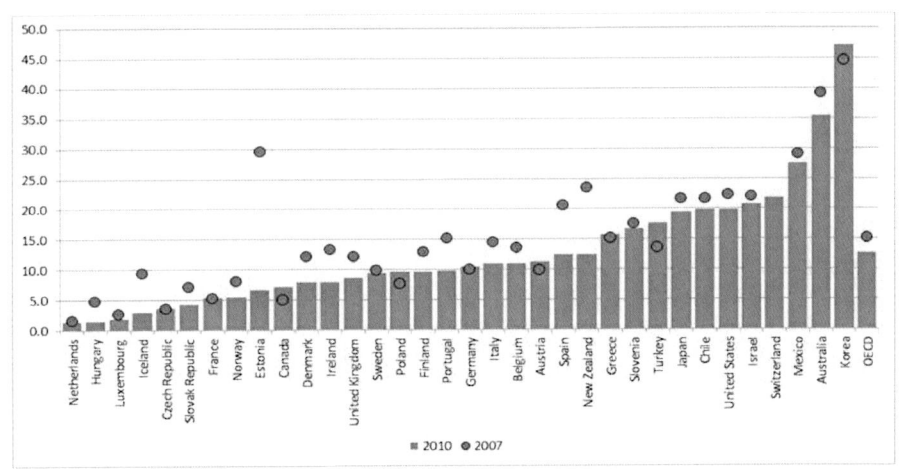

주: 1. 칠레, 일본 2006년; 호주, 핀란드, 프랑스, 독일, 이스라엘, 멕시코, 뉴질랜드, 노르웨이, 스웨덴, 미국 2008년 자료 이용
2. 헝가리, 아일랜드, 일본, 뉴질랜드, 스위스, 터키 2009년; 칠레, 한국 2011년 자료 이용
자료: OECD Income Distribution Database; OECD (2008), Pensions at a Glance 2013(OECD) 이용 작성

□ OECD 국가들의 전체인구 빈곤율과 고령층 빈곤율의 평균은 각각 11.3%, 12.8% 수준으로 유사하지만, 우리나라의 경우 고령층 빈곤율이 전체인구 빈곤율보다 32.0%p 높음

  ○ 우리나라 고령층 빈곤율: 47.2%, 모든 연령대 빈곤율은 15.2%

  ○ OECD 국가 고령층 빈곤율과 전체인구 빈곤율의 차이는 평균 1.49%p

  ○ OECD 34개국 중에서 고령층 빈곤율이 전체인구 빈곤율보다 낮은 국가는 네덜란드, 헝가리, 캐나다 등 18개국이며,

  ○ 고령층 빈곤율이 전체인구 빈곤율보다 높은 국가는 한국, 호주, 스위스, 일본 등 16개국

[그림 27] 전체인구 vs. 고령층 빈곤율(%)

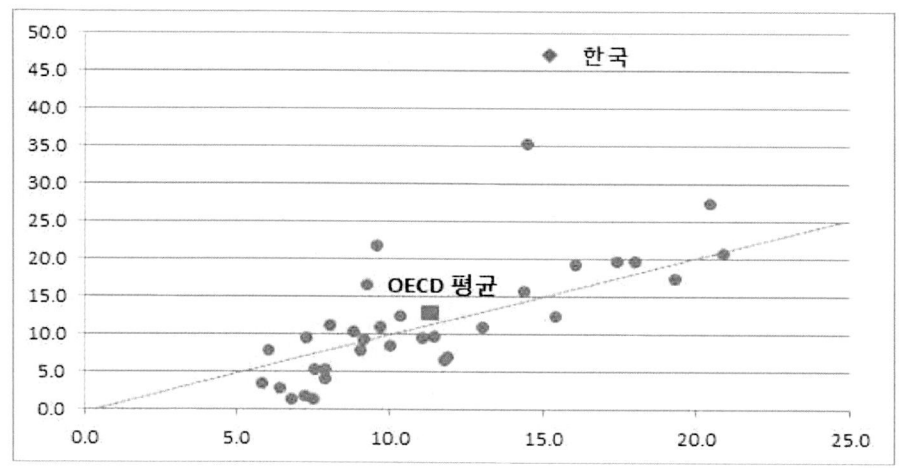

주: x축: 국가전체 빈곤율; y축: 노인빈곤율
자료: OECD Income Distribution Database; OECD (2008), Table 5.3; Pensions at a Glance 2013 (OECD) 이용 작성

다. 국민연금 의존도

☐ 통계청 조사에 따르면, 노후가 준비되었거나 준비를 하고 있는 개인의 비중이 2005년 55.0%에서 2013년 66.7%로 11.7%p 증가하였으며, 노후준비 방법 중에서 국민연금이 차지하는 비중이 동 기간 51.6%에서 62.8%로 11.2%p 증가
  - ○ 그러나 동 기간 사적연금이 차지하는 비중은 37.2%에서 25.8%로 11.4%p 감소
  - ○ 주된 노후준비방법에 대한 응답에서도 동 기간 국민연금은 33.9%에서 48.9%로 15.0%p 증가

<표 16> 노후준비방법(복수응답)

(단위: %)

구분	준비하고 (되어) 있음	국민연금	기타 공적연금	사적연금	퇴직금
2005	55.0	51.6	11.2	37.2	9.7
2007	61.8	51.7	8.2	31.9	8.6
2009	66.3	50.5	8.4	34.9	9.2
2011	65.7	66.8	8.2	29.9	7.9
2013	66.7	62.8	8.5	25.8	12.3

주: 노후준비방법 개인단위, 복수 응답
자료: 통계청, 「사회조사보고서」, 각 연도

○ 「사회정책 욕구 및 인식조사 보고서」(서울대학교 사회복지연구소, 한국조세재정연구원, 2014.05)에서도 바람직한 노후소득보장 방법으로 가장 많은 응답자(50.1%)가 '국민연금, 공무원 및 사학연금 등의 공적연금'을 선택
- 저축 및 투자(12.5%), 일을 할 경우 근로소득(11.5%), 개인연금(8.8%), 정부지원(7.9%), 퇴직금 및 퇴직연금(3.9%)

□ 가구 월평균 소득을 기준으로 노후준비방법을 살펴보면, 소득수준이 높을수록 노후를 준비하고 있는 비중이 높게 나타났으며, 이들의 국민연금에 대한 의존성은 상대적으로 낮게 나타남
○ 월평균소득 100만원 미만의 가구의 경우 노후를 준비하고 있는 비중이 33.3% 수준이나, 월소득 400만원 이상의 가구에서는 80% 이상이 노후를 준비하고 있는 것으로 나타남
○ 고소득층의 경우 공적연금 외에 사적연금에 가입하는 비중이 높게 나타나는 등 고소득층은 다양한 방법을 통해 노후를 준비
○ 즉, 저소득층의 국민연금에 대한 의존도가 상대적으로 높음

<표 17> 가구소득별 노후준비방법(복수응답)

(단위: %)

가구의 월평균소득	준비하고 (되어) 있음	국민연금	기타 공적연금	사적연금	퇴직급여
100만원 미만	33.3	57.2	4.2	14.1	6.2
100~200만원	60.5	65.7	4.4	18.7	9.4
200~300만원	72.2	64.9	7.5	24.0	11.5
300~400만원	76.6	64.2	9.5	29.8	13.7
400~500만원	80.2	64.0	11.1	29.3	14.9
500~600만원	82.5	59.2	13.4	33.4	15.8
600만원 이상	82.7	54.5	13.4	35.5	16.3

주: 노후준비방법 개인단위, 복수 응답
자료: 통계청, 「사회조사보고서」, 2013년

☐ 국민연금 등 연금 이외에 경제주체들이 저축을 통해 노후를 준비할 수도 있으나, 국민연금 개혁으로 인해 소득대체율*이 낮아지도록 제도가 변경된 상황에서 가계저축 또한 감소

  ○ 2012년 현재, 가계순저축률은 3.40% 수준

  ○ 국민연금 급여 소득대체율은 가입기간 40년을 전제시, 1988~1998년까지는 70%, 1999~2007년까지는 60%, 그리고 2008년부터는 50%에서 매년 0.5%씩 낮아져 2028년까지 40% 수준을 맞추도록 설계되어 있음

    * 연금급여를 가입자의 재평가된 생애평균소득으로 나눈 수치

[그림 28] 가계순저축률 vs. 소득대체율 추이

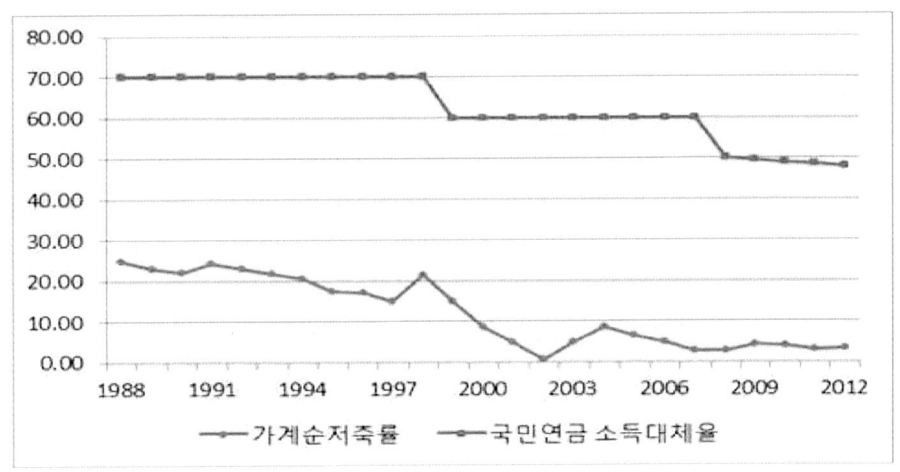

자료: 한국은행 경제통계시스템

□ 노후준비에 있어 국민연금에 대한 의존도가 높아지고 있으며, 특히 저소득층의 의존도가 높음

2. 국민연금 현황 및 문제점

가. 개요

□ 국민연금은 소득이 있는 경제활동시기에 보험료를 납부하고, 나이가 들어 생업에 종사할 수 없어졌을 때, 사고나 질병으로 인해 장애를 입거나 사망하였을 때, 매월 연금을 지급하여 기본적인 생활이 가능하도록 돕는 (노후)소득보장제도

> **국민연금법 제1조(목적)** 이 법은 국민의 노령, 장애 또는 사망에 대하여 연금급여를 실시함으로써 국민의 생활 안정과 복지 증진에 이바지하는 것을 목적으로 한다.

□ 국민연금은 종전의 국민복지연금제도를 수정·보완하여, 1988년부터 10인 이상 사업장을 대상으로 제도를 시행하여, 1999년 4월 전 국민을 대상으로 확대
  ○ 1992년 1월, 사업장 적용범위 확대(상시근로자 5인 이상 사업장)
  ○ 1995년 7월, 농어촌지역 연금 확대 적용

○ 1999년 4월, 도시지역 연금 확대 적용(전 국민 연금 실현)

□ 국민연금은 강제성, 소득재분배, 지급보장성 및 물가반영의 특성 존재
  ○ 강제성: 국민연금은 사회보험제도로 강제가입을 채택
  ○ 소득재분배: 세대내 및 세대간 소득재분배 역할 수행
    - (세대내) 급여산식에 가입자 전체 평균소득을 반영하여 평균소득 이하의 저소득층은 지불한 보험료에 비해 상대적으로 더 많은 연금을 수령하며, 고소득층은 이와 같은 연금혜택이 적음
    - (세대간) 초기가입자의 부담을 완화하기 위해 초기가입자의 수익비가 연금제도 성숙 이후 세대의 수익비보다 높도록 설계
  ○ 지급보장성: 국가가 최종적으로 지급을 보장하여 국가가 존속시 반드시 연금이 지급됨

> **국민연금법 제3조의2(국가의 책무)** 국가는 이 법에 따른 연금급여가 안정적·지속적으로 지급되도록 필요한 시책을 수립·시행하여야 한다.

  ○ 물가반영: 일반 사적연금과 달리 물가가 오르더라도 구매력 유지를 위해 실질가치 보장됨

□ 국민연금의 가입대상은 국내에 거주하는 국민으로 18세 이상 60세 미만인 자이며, 납부기간 동안 보험료를 부담하고 연금수급조건을 충족하게 되면 61세 이후부터 평생 동안 매월 노령연금을 지급받게 되며, 가입 중에 생긴 질병이나 부상으로 완치된 후에도 장애가 있는 경우에는 장애가 계속되는 동안 장애연금을 지급받고, 가입자와 수급권자 등이 사망한 경우 유족연금을 지급받을 수 있음
  ○ 「공무원연금법」, 「군인연금법」, 및 「사립학교교직원 연금법」을 적용받는 공무원, 군인 및 사립학교 교직원, 그 밖에 대통령령으로 정하는 자는 국민연금 대상에서 제외
  ○ 노령연금 수급개시 연령은 2013년부터 5년마다 1세씩 연장하여 2033년부터는 65세부터 지급
  ○ 노령연금은 수급요건에 따라 완전노령연금, 재직자노령연금, 감액노령연금, 조기노령연금, 특례노령연금 등으로 구분됨

○ 연금보험료는 기준소득월액의 9%로, 사업장가입자는 본인과 회사가 각각 4.5% 씩 부담하며, 지역가입자는 본인이 전액 부담

- 소득 상한선과 하한선 존재: 전체가입자 평균소득 3년 평균값(A값)의 변동률에 전년도 상·하한액을 곱하여 상·하한액 결정

구 분	2013. 7. 1 ~ 2014. 6. 30	2014. 7. 1 ~ 2015. 6. 30
상한액(월보험료)	3,980,000원(358,200원)	4,080,000원(367,200원)
하한액(월보험료)	250,000원(22,500원)	260,000원(23,400원)

나. 국민연금 현황

□ 국민연금 가입자는 2013년말 기준, 20,744,780명으로 꾸준히 증가하는 추세

○ 사업장 가입자가 11,935,759명으로 가장 많으며, 지역가입자의 경우 8,514,434명 으로 이 중 납부예외자가 4,575,441명, 그리고 임의가입자와 임의계속가입자가 각각 177,569명과 117,018명

가입종류	사업장가입자	지역가입자		임의가입자	임의계속가입자
		소득신고자	납부예외자		
가입자(%)	57.5	19.0	22.1	0.9	0.6

- 임금근로자의 68.4%가 국민연금 등 공적연금에 가입(2013.10)

□ 국민연금 수급자는 1999년도부터 발생하였으며, 2013년 현재 3,653,113명

○ 급여종류별 급여지급을 살펴보면, 노령연금의 수급자와 급여액이 각각 2,840,660명과 10,706,694,320천원으로 가장 큰 비중을 차지

급여종류	노령연금	장애연금		유족연금	반환일시금	사망일시금
		연금	일시보상금			
수급자(%)	77.8	2.1	0.1	14.7	4.9	0.5
금액(%)	81.6	2.5	0.3	10.1	5.2	0.3

[그림 29] 국민연금 가입자·수급자 추이

(단위: 명, %)

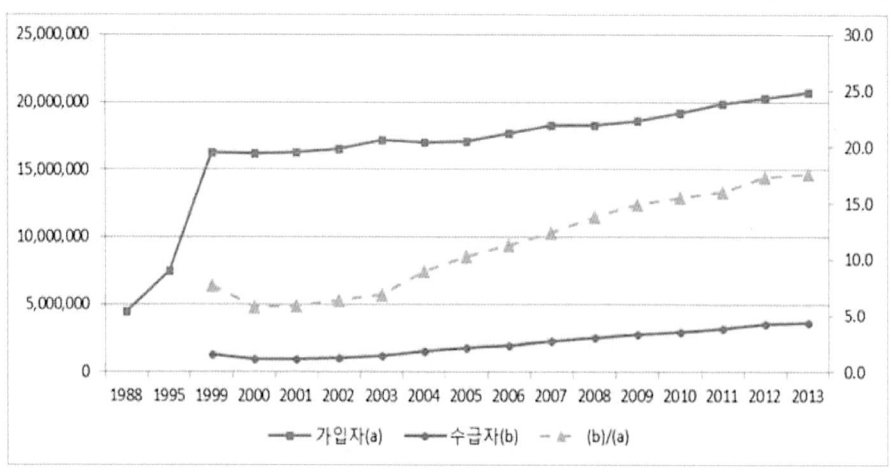

자료: 2013 국민연금통계연보

☐ 가입자 대비 수급자 비율은 1999년 7.7%에서 2013년 17.6% 수준으로 증가추세

☐ 소득별 가입자 현황을 살펴보면, 표준소득월액 203만원 미만의 가입자가 61.5%이고, 203만원 이상의 가입자가 38.5%
  - ○ 표준소득월액 125만원 미만의 가입자 중에서는 지역가입자가 사업장가입자보다 많으며, 125만원 이상 가입자에서는 사업장가입자가 더 높음
  - ○ 임의가입자와 임의계속가입자 중에서는 저소득층이 차지하는 비중 높음
  - ○ 2013년 A값 = 1,935,977원

<표 18> 소득별 가입자 현황

(단위: 명)

표준소득월액	총가입자		사업장 가입자	지역 가입자	임의 가입자	임의계속 가입자
	가입자	구성비				
계	16,169,339	100.0	11,935,759	3,938,993	177,569	117,018
250,000 이상 1,250,000 미만	5,926,885	36.7	2,694,507	3,006,405	138,465	87,508
1,250,000 이상 1,610,000 미만	2,171,548	13.4	1,759,026	383,095	15,525	13,902
1,610,000 이상 2,030,000 미만	1,844,826	11.4	1,621,134	209,738	8,378	5,576
2,030,000 이상 3,980,000 미만	3,963,944	24.5	3,657,980	282,928	14,552	8,484
3,980,000 이상	2,262,136	14.0	2,203,112	56,827	649	1,548

주: 지역가입자 중에서 납부예외자는 제외하였음.
자료: 2013 국민연금통계연보

□ 1988년부터 실시되고 있는 국민연금의 적립금은 2014년 4월 현재 435.75조원

○ 적립금은 2003년 100조원, 2007년 200조원, 2010년 300조원, 그리고 2013년 400조원이 넘는 규모로 증가

○ 2014년 4월 기준, 적립금 조성 537조원, 지출 101조원

- 적립금 조성: 연금보험료 등 344조원, 운용수익금 192조원

- 적립금 지출: 연금지급액 96조원 등

○ 이것은 일본 공적연금(GPIF), 노르웨이 국부펀드(GPF), 네덜란드 공적연금(ABP)에 이어 세계에서 4번째 수준(세계 4대 연기금)

[그림 30] 국민연금 적립금 현황

(단위: 조원)

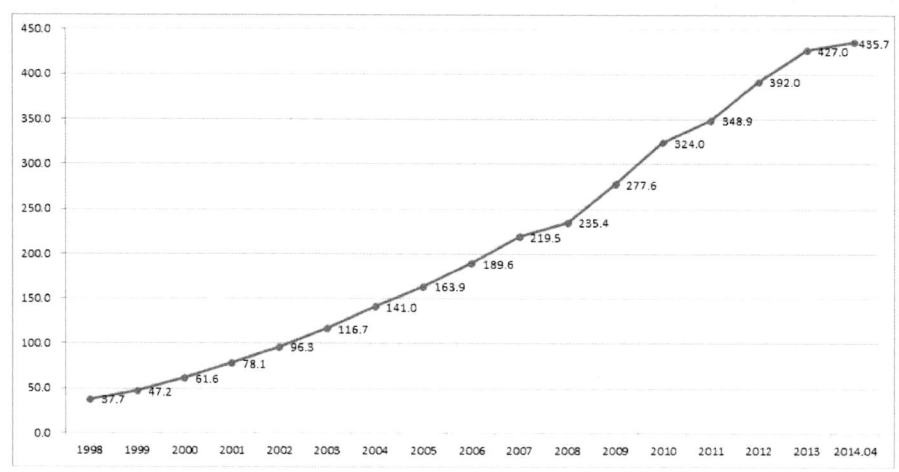

주: 연도말 및 월말 시가현황 자료
자료: 국민연금관리공단

□ 국민연금기금 포트폴리오는 금융투자부문 434.4조원(99.7%), 복지부문 1,289억원(0.0%), 기타부문 1조 2,131억원(0.3%)으로 구성

○ 금융투자무문은 국내주식, 해외주식, 국내채권, 해외채권, 대체투자, 단기자금 등으로 구성되어 있는데, 이 중 국내채권의 비중이 55.5%

- 국내채권에 대한 투자*는 국채 42.1%, 특수채 28.2%, 회사채 10.5%, 금융채 4.6%, 통안채·지방채·여신금융 8.5%, ABS등 6.4%로 구성

  * 2014년 1분기말 기준

<표 19> 기금 포트폴리오 현황

구분	금액(조원)	비중(%)
전체자산(계)	435.7	100
복지부문	0.1	0.0
금융투자부문	434.4	99.7
국내주식	84.0	19.3
해외주식	47.2	10.8
국내채권	241.9	55.5
해외채권	19.0	4.4
대체투자	41.5	9.5
단기자금	0.7	0.2
기타부문	1.2	0.3~

주: 기타부문은 공단회관취득비, 임차보증금, 기관보관금 등, 대체투자는 벤체·CRC·SOC·사모·부동산 투자, 인수금융 등
자료: 국민연금공단

다. 국민연금관련 제기되고 있는 문제점

□ 현행제도 유지시, 2060년에 국민연금기금이 소진되는 것으로 추정됨(제3차 국민연금 재정계산에 따른 재정추계 결과)

  ○ 2043년까지 총수입이 총지출을 초과하여 국민연금 적립기금이 증가하지만,

  ○ 2044년부터 수지적자가 발생하기 시작하면서, 적립기금이 급속히 감소하여 2060년에 기금이 소진되는 것으로 나타남

  ○ GDP 대비 적립금 규모는 2035년 49.4%까지 도달한 이후 감소

   - 2013년 GDP 대비 31.1%, 2043년 44.2%, 2060년 △2.9%

  ○ GDP 대비 연금급여지출 비중은 점차 증가하여 2070년 이후 8% 내외에서 유지

   - 2013년 현재 GDP 대비 1.0%

[그림 31] 국민연금기금 장기전망

(단위: 조원)

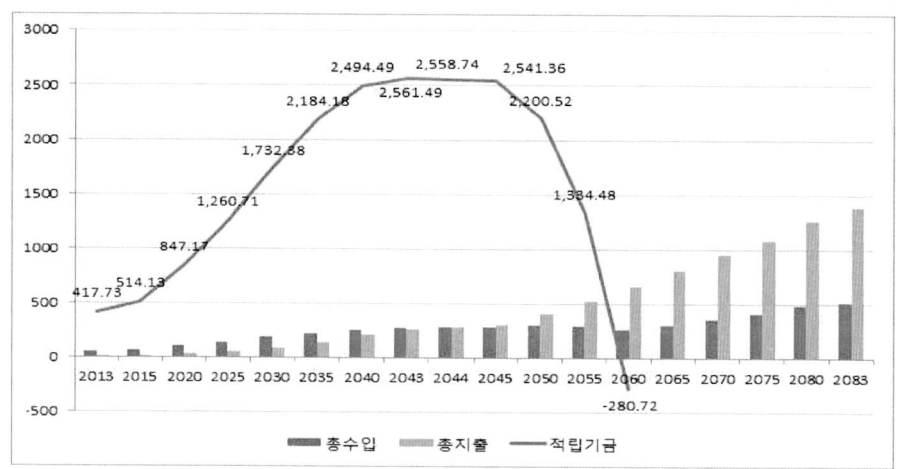

주: 총수입은 보험료수입과 투자수익의 합
자료: 국민연금공단, 「2013년 국민연금 재정계산-국민연금 장기재정추계」

□ 국민연금이 2060년에 소진된다는 것은 2060년까지는 국민연금이 급여를 지출할 수 있는 적립기금을 보유한다는 것으로, 2060년 이후 국민연금 가입자에 대한 급여지급 중단을 의미하는 것 아님
  ○ 국민연금 급여는 법으로 보장되어 있으므로, 기금이 소진되더라도 제도(재정) 운영상의 변화가 발생할 뿐이며, 국가가 반드시 지급하도록 되어 있음
    - 현재 우리나라 국민연금은 부분적립방식으로 운영되고 있으며, 사회적 합의를 거쳐 부과방식 등으로 전환될 수 있음
    - 국가는 연금급여가 안정적·지속적으로 지급되도록 필요한 시책을 수립·시행하여야 함(국민연금법 제3조의2: 국가의 책무)
    - 공적연금제도를 운용하는 나라들 가운데 연금지급을 중단한 사례는 없음

□ 그럼에도 불구하고, 국민연금에 대한 불신이 젊은층을 중심으로 나타나고 있음
  ○ 현대경제연구원(2013)의 조사에 의하면 젊은층에서 국민연금의 노후대비 효과에 대해 부정적 견해가 높게 나타나고 있음

[그림 32] 국민연금 노후대비 효과에 대한 세대별 견해

(단위: %)

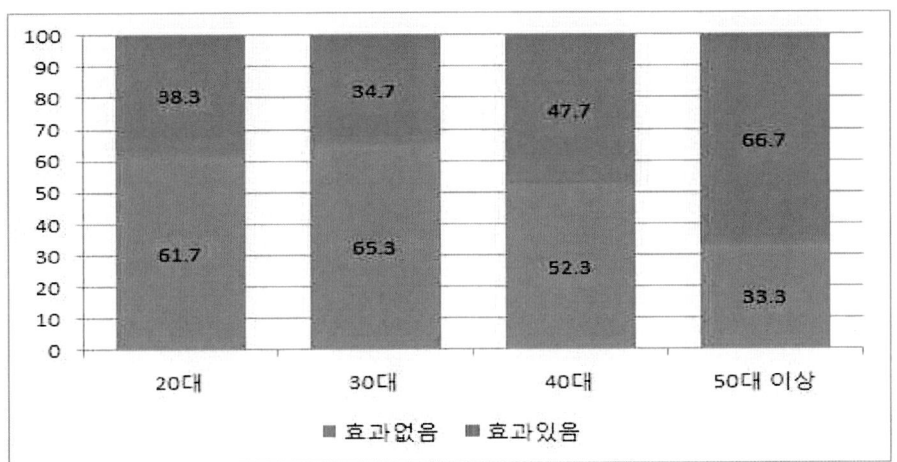

자료: 현대경제연구원(2013)

- 국민연금 재정 고갈 등에 대한 우려로 인해 젊은층의 국민연금에 대한 기대가 낮아지고 있으며, 세대간 복지 갈등의 주요 요인으로 작용하고 있다고 지적
○ 매경이코노미가 실시한 조사(2013)에서도 국민연금에 대한 세대별 인식이 뚜렷이 나타났으며, 국민연금에 대한 젊은층의 부정적 견해는 재정고갈·부족과 연관이 높게 나타남

[그림 33] 국민연금 필요성에 대한 세대별 견해

(단위: %)

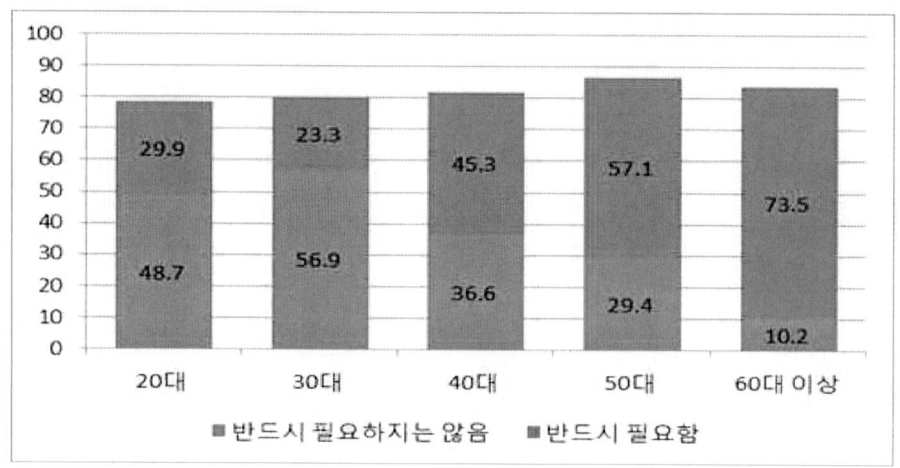

주: '큰 관심이 없다'라고 답한 비율: 전체의 17.9%.
자료: 매경이코노미 제1703호(2013.04.17.~04.23).

- 젊은층: '국민연금 재정이 고갈돼 노후에 제대로 국민연금을 수령할 수 없을 것 같다': 66%, '국민연금을 받을 수 있다 치더라도 낸 돈 대비 받을 돈이 적을 것 같다': 22%
- 또한, 직장가입자 의무가입이 해지되면 가입하지 않을 의사가 있느냐는 설문에 대해 20대, 30대, 40대의 64.3%, 69.6%, 70.9%가 '있다'고 답한 반면, 50대와 60대 이상은 58.5%와 50%만이 '있다'고 답변
○ 우리보다 앞서 인구구조 변화를 겪고 있는 일본의 경우, 연금재정에 대한 불신으로 인해 젊은층의 국민연금 보험료 납부율이 낮게 나타나고 있음(일본의 65세 이상의 고령인구는 25% 수준)

□ 국민연금과 관련한 또 다른 문제점은 과도한 적립금 운용으로 인한 부작용 및 한계점
○ 2014년 3월 현재, 전체자산 441.5조원 가운데, 330.2조원이 국내주식 및 국내채권에 투자되어 있음
- 특히 국내채권에 대한 투자가 55.3%로 가장 높게 나타나고 있으며, 이 중 국채의 비중이 42.1% 수준

- 국채 시장금리에 대한 영향력 증대로 인해 기준금리를 인상해도 국채금리가 하락하는 등 통화정책의 유효성이 감소할 우려 존재
○ 향후 20여년간 경제성장보다 적립금이 더욱 **빠른** 속도로 증가할 것으로 전망되고 있어, 국내 자산시장에서 국민연금 적립금의 비중이 높아질 것으로 예상되며, 이는 국민연금의 시장지배력이 증대됨을 의미

[그림 34] 주식시장에서의 국민연금 비중 추이

(단위: 조원, %)

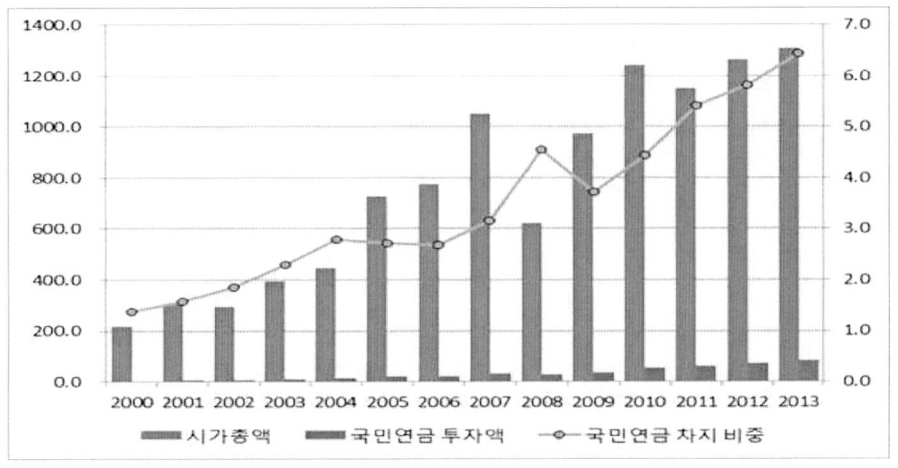

자료: 2013 국민연금통계연보, 한국거래소

○ 이와 같은 시장지배력의 증가는 자산취득 과정에서 가격결정자로서 작동하여 시장에서 왜곡현상이 나타날 우려가 있으며, 또한 급여지급을 위해 자산을 매각하는 과정에서 가격의 급속한 하락 및 매각불능 등의 자본시장 붕괴 가능성에 대한 우려 존재(남재현, 2011)
○ 또한 2013년말 기준, 국내증시 시가총액 대비 국민연금 국내주식 보유 비율이 6.4%로 증가추세에 있어 국민연금의 주주권 및 의결권 행사 등 주식시장 지배력 증가에 대한 우려가 제기되고 있음

3. 국민연금 운용에 대한 논의

가. 제기되고 있는 주요 논의

☐ 국민연금과 관련된 주요 논의로는 국민연금 적립금 해외자산 및 대체투자 확대 등 포트폴리오 다변화, 기금운용 독립성 및 인프라 강화, 공적연금으로서의 역할(공공성), 재정목표 설정 등이 있음

- 해외자산 및 대체투자 확대 등 포트폴리오 다변화: 기금의 75%가 국내자산에 투자되어 있으며, 국내시장에 대한 투자증가는 시장에 교란 요인으로 작용할 수 있을 뿐더러, 향후 연금지급 시점에 시장에 큰 충격을 줄 가능성이 있으므로, 해외자산 및 대체투자 확대의 필요성 제기
- 기금운용 독립성·인프라 강화: 정치적 중립성 및 전문성 강화에 대한 논의가 지속적으로 제기되고 있음
- 공적연기금으로서의 역할: 사회책임투자 도입, 기금의 복지재원으로의 활용 등 공공성 측면에서의 사회발전투자에 대한 국민연금기금의 역할이 일부에서 제기되고 있음
- 국민연금 재정목표 설정: 국민연금 재정의 지속가능성을 위해 재정목표에 근거한 재정안정화 방안을 마련·시행하여야 하지만, 아직까지 사회적으로 합의된 재정목표 부재

☐ 주요 논의 내용들은 결국 국민연금 적립금 운용과 재정목표 설정에 관한 것으로 추려지는데, 이것은 적립금 소진시기를 늦추는 것과 관련되며, 소진시기의 연장 및 적립금의 완만한 감소는 미래 특정세대에 대한 부담감소와 연관되어 있음

[그림 35] 국민연금 적립금 소진시기 연장

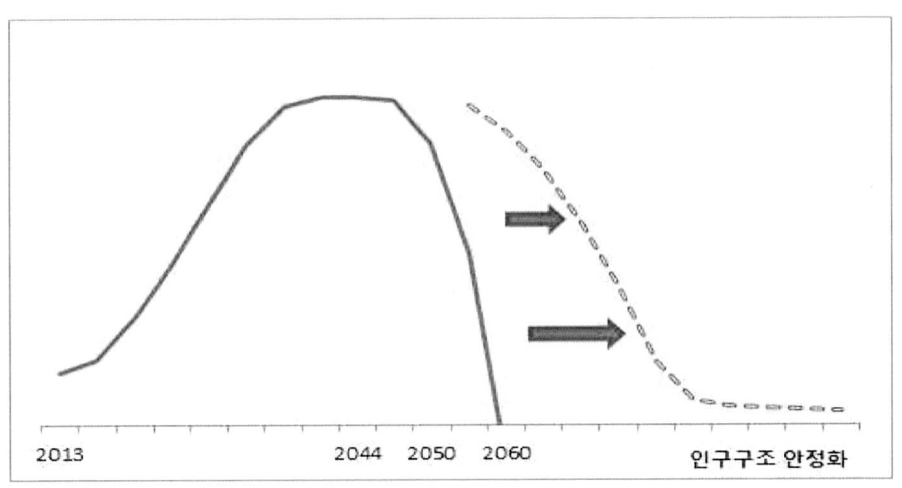

○ 현 제도를 유지할 경우, 국민연금 적립금이 급격히 감소하여 소진되는 2060년에 경제활동을 하는 미래세대는, 고령층 비중이 감소하여 인구구조가 안정화되는 시기까지 높은 수준의 보험료 또는 조세를 부담할 수밖에 없음
○ 따라서 적립금 및 재정개혁을 적립금 소진시기를 늦추는 방향으로 운용·추진할 경우 이들 미래세대의 부담을 감소시킬 수 있음
○ 국민연금 적립 소진시기를 늦추고, 완만한 감소를 하기 위한 방안으로는 증가하는 적립금을 이용하는 방안과 재정개혁을 고려할 수 있음

나. 국민연금 적립금의 사회발전 및 복지사업 투자 확대에 대한 논의

1) 국민연금기금의 복지투자 확대 필요성 제기

□ 국민연금 적립금은 향후 30년간 증가할 것으로 전망되고 있으나, 현재 요구되는 복지사업에 대한 정부재정 여력은 부족한 상태

□ 이에 일부에서는 국민연금기금을 이용하여 사회발전 및 복지사업 투자에 확대·활용하여야 한다는 주장 제기

○ 국민연금 기금운용의 원칙은 안정성, 수익성, 공공성, 유동성, 운용 독립성으로 사회발전·복지사업과 관련된 공공성을 포함

○ 정치권과 정부부처로부터 국민연금기금의 공공서비스 재원으로의 활용, 각종 사업 참가 등과 같은 요구·요청

<표 20> 국민연금에 대한 투자 요청 사례

정치권: 공공서비스 재원으로의 활용 요구
- 국민연금으로 공공임대주택 건설 제안
- 국민연금으로 보육시설 확충 제안
- 저소득층 대여(대출)사업 확대 제안
정부부처: 각종 사업에 참여 요청
- 지식경제부: 연기금의 해외 자원개발 투자 활성화 추진
- 금융위원회: 대형 투자은행(IB)의 육성을 강조하여 공적 연기금의 역할 활성화 추진
- 기획재정부:'연기금 투자 풀'에 국민연금 참여 요구

주: '연기금 투자 풀'은 연금, 기금을 모아 위탁투자하는 것
자료: 한국경제 (2011.2.18)

□ 장기적 관점에서 복지부문 투자를 고용 및 저출산 문제 해결을 위한 사업에 집중하여, 국민연금 소진 시기를 늦추는 효과 기대

○ 노동시장 참여율 제고를 위한 정책 및 보육·육아관련 시설에 대한 적극적 투자 등으로 인한 출산율 제고 등은 장기적으로 보험료 수입을 증가시키는 측면 존재

- 국민연금 운영을 현재의 부분적립방식으로 하든, 또는 부과방식으로 변경하든, 출산율은 장기적 재정에 도움이 되므로, 현 시점부터 출산율 제고 등 인구정책이 매우 중요

○ 또한 고령층을 대상으로 한 일자리지원 사업 등은 연금지급 시기를 늦추어 연금지출을 감소시킬 개연성 존재

○ 또한 보건의료에 대한 접근성 증대는 장기적으로 국가경제성장률에 긍정적 영향을 미칠 개연성이 높으며, 이는 국민연금기금 소진 시기를 늦추는 데 기여

○ 즉, 국민연금기금을 이용한 생산적 복지를 통해 연금기금 소진시기를 늦추고, 경제성장에 기여할 수 있다는 주장 제기

□ 현행 법령 및 지침은 국민연금기금의 복지사업 투자에 대한 규정을 포함하고 있으나, 실제 수행되는 복지투자규모는 미미한 수준

  ○ 2014년 4월 현재, 기금 적립금 중 복지부분사업에 대한 투자는 1,289억원 수준으로 이는 기금 적립금 중 0.03%

    - 복지부분이 차지하는 비중은 1998년 3.82%에서 2014년 0.03% 수준으로 감소하는 추세

    - 반면, 동기간 금융부분사업이 차지하는 비중은 24.48%에서 99.69%로 증가

    - 복지부문은 복지타운건립, 보육시설대여, 노인복지대여, 신용회복대여금, 노후긴급자금 등을 포함

  ○ 기금운용지침상 복지사업 투자는 매년 신규 여유자금의 1% 이내로 규정

    - 기금운용지침 IV의 3(전략적 자산배분)⑤: 가입자, 가입자이었던 자, 수급권자의 복지를 증진하기 위한 자금의 대여, 복지시설의 설치, 기타복지사업에 대한 투자는 매년 신규여유자금의 1% 이내에서 기금운용위원회가 정한다.

  ○ 복지사업 투자 관련규정: 국민연금법 제46조(복지사업과 대여사업 등), 국민연금법 제46조의2(복지시설의 설치사업 등에 관한 특례), 국민연금법 시행령 제31조(복지사업), 기금운용지침 IV의 3(전략적 자산배분) 등

<표 21> 국민연금 적립금 사업별 포트폴리오(시가 기준)

(단위: 억원)

구분	기금 적립금 계	공공부분사업	복지부분사업	금융부분사업	기타부분
1998	377,023	267,951	14,385	92,310	2,377
1999	472,396	318,573	9,899	141,450	2,473
2000	615,876	348,608	7,176	257,501	2,591
2001	780,565	295,055	6,308	476,905	2,297
2002	963,396	303,551	5,208	650,491	4,146
2003	1,166,945	152,740	4,323	1,007,976	1,906
2004	1,410,080	63,840	3,654	1,340,415	2,171
2005	1,639,486	0	3,025	1,633,508	2,953
2006	1,896,065	0	2,483	1,890,596	2,986
2007	2,195,400	0	2,036	2,190,099	3,264
2008	2,354,325	0	1,842	2,350,015	2,468
2009	2,776,424	0	1,540	2,772,519	2,365
2010	3,239,908	0	1,282	3,235,975	2,650
2011	3,488,677	0	1,081	3,484,681	2,915
2012	3,919,677	0	1,271	3,915,683	2,723
2013	4,269,545	0	1,249	4,264,473	3,823
2014.04	4,357,265	0	1,289	4,343,845	12,131

주 1. 연도말 및 월말 시가현황 자료임
   2. 기타부문은 공단회관취득비와 임차보증금 및 기금보관금(익일 자금운용을 위하여 주거래은행에 1일예치하는 자금)임
   3. 공공부분의 경우 국민연금 적립금은 공공자금관리기금에 예탁되어 사회간접자본시설투자, 중소기업 지원, 농어촌 분야투자에 사용되었으나, 과도한 공공부문에의 투자가 여론의 질타를 받자 정부는 1999년 1월 공공자금관리기금법을 고쳐 2001년부터 공공자금관리기금에의 의무예탁을 폐지하였으며, 이에 따라 공공자금관리기금에 예탁된 자금은 2005년에 전액 환수됨.
자료: 국민연금통계연보

□ 법적·제도적으로 복지사업에 대한 투자가 가능하지만 실제로 투자가 이루어지고 있지 않은 것은 '[기금운용지침 IV의 3(전략적 자산배분)⑤(나)] 신규로 추진하는 복지사업은 사업기간 동안의 수익률이 무위험이자율인 해당기간 국고채권 수익률 이상이 되도록 하여야 한다'는 규정 때문임

  ○ 실제로 최근 5개년(2009~2013)과 3개년(2011~2013) 복지부문 기금운용 수익률은 각각 △0.19%, △0.51%로 마이너스 수익률 기록

    - 동 기간 국고채권(3년) 수익률 평균은 각각 3.46%(5개년), 3.18%(3개년)

<표 22> 국민연금 기금운용 수익률

(단위: %)

구분	연도별 수익률						3개년	5개년	누적
	2008	2009	2010	2011	2012	2013	'11~'13	'09~'13	'88~'13
기금 전체	-0.18	10.39	10.37	2.31	6.99	4.19	4.53	6.48	6.35
금융부문	-0.19	10.41	10.39	2.31	7.00	4.20	4.54	6.49	6.20
국내주식	-39.00	51.00	25.41	-10.34	10.42	2.94	1.27	10.45	9.03
해외주식	-58.69	26.5	13.04	-6.90	9.16	21.27	10.06	11.95	6.47
국내채권	10.62	4.07	7.59	5.67	5.93	2.14	4.55	5.06	5.69
해외채권	9.14	2.58	6.52	6.59	9.06	0.33	5.04	4.91	5.04
대체투자	2.73	-0.92	8.66	10.22	4.92	6.42	6.89	6.45	6.22
복지부문	-0.77	0.53	-0.29	-0.55	-0.96	0.09	-0.51	-0.19	6.95
기타부문	4.20	3.02	1.18	0.92	1.46	1.31	1.39	1.65	2.34

주: 1. 금액가 중 수익률
    2. 국내채권은 단기자금 포함
자료: 2013 국민연금 기금운용 보고서

○ 즉, 현재의 재무적 수익률 요건을 만족하는 복지사업을 찾기 어렵다는 것과, 수익률 외에 사업선정에 대한 판단기준이 존재하지 않는다는 것이 낮은 수준의 복지투자 원인

□ 따라서, 복지부문 사업에 대한 투자결정기준을 현행의 수익성 평가에서 사회적 측면의 효용성을 고려한 투자결정기준으로 수정·도입해야 한다는 의견 존재

○ 복지사업 부문을 재무적 수익률에 근거하는 금융사업 부문 기금운용과 분리하여, 독립적 운영 및 별도의 평가기준을 적용하는 방안에 대해 검토해야 한다는 의견 제기

  - 사회적 투자수익률 개념정립의 필요성 제기

○ 복지부문 투자를 특별목적 채권 매입, BTL(Built Transfer Lease)방식 등 정부로부터 일정수익을 보장받아 안정적 수익을 확보할 수 있는 간접적 사업 추진의 필요성 제기

2) 국민연금기금 복지투자 확대의 문제점

□ 국민연금기금의 복지투자 확대는 국민연금기금운용의 독립성 원칙에 위배될 개연성 존재

　○ 국민연금기금의 운용목적은 연금급여지급을 위해 기금자산의 안정적 증식을 통해 자산의 실질가치를 보전하는 것이 최우선 과제이며, 이를 위해 수익성·안정성·공공성·유동성·운용독립성 원칙에 의거하여 기금 운용

　　- 즉, 복지부문 사업에 대한 투자가 국민연금기금의 기본적 역할은 아님

<국민연금기금 운용원칙>

수익성	국민연금기금은 가입자의 보험료 부담, 특히 미래세대 부담을 억제하고 기금의 실질가치를 유지하도록 기금의 장기적 안정성을 해치지 않는 범위 내에서 가능한 한 높은 수익을 추구하여야 한다.
안정성	국민연금기금은 투자하는 자산의 전체 수익률 변동성과 손실위험이 허용되는 범위 안에 있도록 안정적으로 운용하여야 한다.
공공성	국민연금은 전 국민을 대상으로 하는 제도이고, 적립규모가 국가경제에서 차지하는 비중이 크므로 국가경제 및 금융시장에 미치는 파급효과를 감안하여 운용하여야 한다.
유동성	국민연금기금은 연금급여의 지급이 원활하도록 유동성을 고려하여 운용하여야 하며, 특히 투자한 자산의 처분시 금융시장 충격이 최소화되는 방안을 사전에 강구하여야 한다.
운용독립성	국민기금은 상기원칙에 따라 운용하여야 하며, 다른 목적을 위하여 이러한 원칙이 훼손되지 않도록 관리·운용하여야 한다.

자료: 국민연금기금운용본부

　○ 국민연금기금 운용원칙의 공공성 원칙은 큰 규모의 적립규모 및 이것의 투자로 인한 국가경제와 금융시장에 미치는 파급효과에 대한 것으로 복지부문에 대한 직접적 투자의 필요성을 제기하는 것으로 해석하기 어려움

　○ 운용독립성 원칙은 기금의 장기적 안정성을 해치지 않는 범위 내에서 최대한의 수익을 추구하는 원칙이 다른 목적으로 인한 훼손을 방지하는 것으로, 수익률이 낮은 복지사업부문에 대한 인위적 확대·투자는 운용의 독립성 및 국민연금기금재정의 안정을 훼손할 개연성 존재

> **국민연금법 제102조(기금의 관리 및 운용)** ② 보건복지부장관은 국민연금 재정의 장기적인 안정을 유지하기 위하여 그 수익을 최대로 증대시킬 수 있도록 제103조에 따른 국민연금기금운용위원회에서 의결한 바에 따라 다음의 방법으로 기금을 관리·운용하되, 가입자, 가입자였던 자 및 수급권자의 복지증진을 위한 사업에 대한 투자는 국민연금재정의 안정을 해치지 아니하는 범위에서 하여야 한다.

☐ 재무적 수익률이 낮은 복지부문에 대한 투자를 확대하기 위해, 사회적 편익 또는 사회적 투자수익률 개념을 정립하여 복지사업부분에 적용하여야 한다는 주장이 제기되고 있으나, 현실적으로 반영하기 어려운 측면 존재

  ○ 일반적으로 정부의 보건의료·교육 등에 대한 투자는 장기적으로 국가경제성장에 도움이 된다는 측면의 논리들이 존재

  ○ 그러나 재무적 수익률과 달리, 보건의료·교육 등 복지지출에 대한 투자효율성 및 사회적 편익을 객관적으로 산출하기 어려우며, 이에 대한 모니터링 기능 및 책임소재가 명확하지 않은 문제가 있음

  ○ 또한 복지사업에 대한 수요가 증대되고 있는 현실에서, 사회적 투자수익률 및 사회적 편익 계산 과정에서 정치적 영향력이 개입될 소지가 존재하며, 이는 연금운용에 부정적 영향을 미칠 것으로 사료됨

    - 사회적 투자수익률 및 사회적 편익에 대한 객관적인 개념 정립이 매우 어렵고 복잡하기 때문에 정치적 영향력이 개입될 소지가 있으며, 결과적으로 현행의 수익률 기준을 대체할 수 있는 신뢰성 있는 투자기준이 되기 어려운 측면 존재

☐ 장기적이고 추상적인 복지사업에 대한 투자는 금융사업 부문과 비교시, 미래 연금기금에 대한 불확실성을 확대시키는 것이며, 결과적으로 가입자들의 소비를 위축시켜 경제에 부정적 영향을 미칠 개연성 존재

☐ 사회적 투자수익률 개념 도입 또는 별도의 평가기준 등을 통하여 국민연금의 복지부문 사업에 대한 지출을 확대하기 위해서는 국민연금 가입자들의 동의가 선행되어야 하는데, 이와 같은 사회적 합의가 이루어지가 어려운 측면 존재

  ○ 강제보험 및 부분적립방식으로 운영되고 있는 국민연금기금의 특성을 고려할 때, 복지부문 사업 투자에 대한 확대를 위해서는 가입자들의 동의가 필요하지

만, 사회적 합의를 도출하기 어려운 측면 존재
 - 가입자들이 불확실성이 높은 장기적 복지사업에 대한 투자에 대해 동의하기 어려운 측면 존재
 - 즉, 연금은 은퇴 후 개인의 노후소득과 관련된 것으로, 가입자들의 입장에서는 안정성과 재무적 수익률이 우선적 고려사항이며, 기금의 보수적 운영을 선호
 - 지난 기초연금 도입과정의 경험에 의하면, 국민연금 가입자들은 연금기금이 연금 이외 다른 목적으로 이용되는 것에 대한 우려가 높은 것으로 사료됨
   • 기초연금과 국민연금의 재원을 법적으로 분리
 - 또한, 향후 보험료율 인상이 필요한 경우, 이에 대한 정당성 감소
○ 또한, 현행 부분적립방식으로 운영되고 있는 국민연금기금을 염두에 둘 때, 향후 부과방식으로 전환될 가능성이 존재하지만, 현재 이와 같은 재정목표가 설정되어 있지 않음
○ 사회적으로 합의된 재정목표가 없는 상황에서 국민연금기금의 복지사업 부문에 대한 투자 확대를 논의하기 어려운 측면 존재

□ 저출산 문제 해결 등 생산적 복지의 증대는 경제성장 및 국민연금기금에 긍정적 영향을 미칠 것으로 기대되지만, 이와 같은 복지재원은 복지투자의 불확실성, 연금기금 본연의 목적 등을 고려시, 국민연금기금이 아닌 조세를 통하여 조달되어야 한다는 주장 존재

다. 중·장기 시계에서의 국민연금 적립금 운용

1) 중·장기 시계에서 국민연금 적립금 운용상 문제점

□ 현재 시점에서 국민연금 적립금 운용 문제점
 ○ 지금부터 2043년까지는 적립금이 계속해서 축적되는 시점이기 때문에 막대한 양의 적립금 운용이 중요
 ○ 위험 자산에 대한 투자로 인한 안정성 훼손 문제
  - 현재 전체 적립금의 30%가 위험 자산으로 대표되는 주식에 투자되고 있음
  - 안정성이 높은 투자처를 확보하는 것이 필요

○ 국내 투자로 인한 문제
- 국내 투자로 인한 위험 분산 약화
  • 현재 적립금 75%는 국내 채권 및 주식에 투자되고 있음
  • 국내 중장기적 거시경제 상황에 따라 적립금 수익이 영향을 받음
  • 국내 채권이 안정 자산이라고는 하지만 결국 국민 조세 부담으로 갚아야 하기 때문에 국내 경제에 영향을 받음
  • 국민연금이 국채를 매입함으로써 국가 위험을 대내적으로 환류시켜 최악의 경우 국가가 국민을 대상으로 파산 할 경우가 발생할 수도 있음
- 막대한 자금이 국내 자본시장으로 유입될 경우 자본시장 교란 요인으로 작용할 수 있음
  • 자본 공급 증가로 이자율 하락을 유발
  • 현재 저금리 상황에서 금리가 더욱 떨어지는 문제 발생

□ 중기 시계에서 국민연금 적립금 운용 문제점
○ 2044년 적립금 수지적자가 발생하는 시점부터 2060년 적립금이 고갈되는 시점까지 16년 동안 적립금이 급속도로 감소하면서 발생하는 문제
- 2060년 적립기금이 고갈되었을 때 정부가 (강제적으로) 부과방식으로 전환이 가능하지 않을 수 있음
- 인구가 감소하는 상황에서는 부과방식이 지속 가능하지 않음
○ 부과방식에서 사회보장세는 노령부양비와 일인당 노령인구가 받는 혜택에 의해서 결정

$$d_t = b\theta_t$$

○ 막대하게 증가한 사회보장세 일인당 부담금을 과연 2060년 젊은 세대가 지불할 수 있느냐의 문제가 발생
- 부과방식 2010년(노년 부양비 10%) 도입시 부담금

$$d_{2010} = b \cdot \theta_{2010} = b \cdot 0.1$$

- 부과방식 2060년(노년 부양비 70%) 도입시 부담금

$$d_{2060} = b \cdot \theta_{2060} = b \cdot 0.7$$

- 일인당 수혜금이 2010년과 2060년에 같다면 일인당 부담금은 2060년은 2010년에 비해 7배 증가
○ 2060년 고갈 시점에서 실질이자율 크기에 따라 개인저축 혹은 적립식을 통한 수익률이 부과방식을 통해 얻을 수 있는 수익률보다 높을 시 부담금 액수뿐만 아니라 수익성 측면에서도 부과방식으로의 전환이 어려울 수 있음

□ 장기 시계에서 국민연금 적립금 운용 문제점
○ 2060년 이후 베이비부머 세대가 사라지고 난 후, 인구구조가 역삼각형에서 원통형 구조 바뀌면서 나타나는 국민연금 운용 방식에 대한 문제점
○ 2060년 적립식 방식에서 (강제적으로) 부과 방식으로 전환한 후 부과방식을 지속할 것인가에 대한 문제점
○ 이미 미국과 영국을 비롯한 주요 선진국들은 인구구조가 원통형 구조로 전환되었으며, 이들 국가에서는 현행 부과방식으로 연금방식을 운용하기 어려운 것을 파악하고 있음

2) 국민연금 적립금 운용시 고려사항

□ (현재 적립금 운용 방안) 적립금을 재정지출로 전환하여 사용하는 방안
○ 국민연금 기금 운용의 원칙인 안정성, 수익성, 공공성, 유동성, 운용 독립성을 반드시 보장하는 중기적 운용 방안 설정이 중요
○ 국민연금 적립금을 재정지출로 전환하여 사용하는 방안에는 크게 복지지출로의 전환과 경기 순환적 지출로의 전환이 방안으로 제기
 - 복지지출로의 전환은 국민연금의 운용 원칙인 공공성을 위해서 제시
 - 경기 순환적 지출은 현재 경기가 침체된 상황에서 국민연금 중 일부를 경기부양에 사용하기 위해서 제시

□ 국민연금 적립금 일부 복지지출로 전환 사용시 문제점
○ 여성 노동시장 참여율 제고를 위해 보육 및 육아 관련 시설에 대한 적극적 투자나 장기적으로 보험료 수입을 증가시키기 위해 출산율 제고를 위한 지출에

대한 관심이 높아지고 있음
- ○ 복지지출은 현재 수익률 대신 장기적 수익률을 위해 마련된 방안이지만 수익성을 보장받기 위해 선결되어야 하는 여성 노동시장 참여율 증가나 출산율 증가에 대한 불확실성이 매우 높기 때문에 장기적인 관점에서도 수익성과 안정성을 담보할 수 없음
- ○ 따라서 복지지출 재정지출은 수익률 창출 없이 적립금 고갈시점을 더욱 앞당겨 현재 국민연금 적립금에서 예상되는 문제점을 더욱 확대시킬 위험이 있음

□ 국민연금 적립금 일부 경기부양지출로 전환 사용시 문제점
- ○ 경기부양지출 역시 수익성과 안정성 측면에서 부정적
- ○ 재정지출 승수가 1보다 클 경우, 경기부양 재원을 국민연금에서 차용하여 경기부양을 하는 것에 대해서 생각해 볼 여지가 있음
- ○ 장단기적으로 재정지출 승수 크기가 1보다 큰지 여부에 대해서는 실증적으로 매우 논란이 있음
- ○ 재정지출 승수가 1보다 클지라도 국민연금은 조세와는 달리 적립금에 기여한 국민에게만 수익이 돌아가는 반면, 재정지출은 국민 전체에 편익이 돌아간다는 측면에 있어서 국민연금 부담 계층으로부터 동의를 얻어야 한다는 문제가 있음

□ (현 시점에서의 적립금 운용 대안) 대체투자 사업 부분을 확대하며 동시에 해외 대체투자도 동시 확대
- ○ 대체투자 사업은 사업의 수익성이 일정 보장되고, 위험도 정부에 의해 부담된다는 측면에서 수익성과 안정성이 동시에 보장
- ○ 뿐만 아니라 수입 보장기간이 장기적이라는 측면에 있어서 장기적으로 안정적인 수익성을 확보해야 되는 국민연금에 안정적인 투자처로 활용 가능
- ○ 국내 대체투자의 경우 확대된 의미에서 재정지출로 간주될 수 있기 때문에 정부 사업에 국민연금이 무분별하게 이용되는 것을 막기 위해 국민연금의 독립성 확보가 가장 중요
- ○ 국내 거시 경제 위험요소들을 분산시키는 측면에서 해외 대체

□ 적립금 소진 시기 연기 방안
  ○ 이론적인 방법으로는 국민연금 부담금을 증가하고 수혜금을 축소해야 되나, 현실적으로 이러한 정책을 입안하기에 정치적, 사회적 부담이 존재
  ○ 국민연금 수급 시기를 지연시키는 방안으로 현재 국민연금 수급연령을 늦추고 해당 시점까지 법정 정년퇴직시점을 연장

□ 국민연금 적립금 장기적 운용 방안
  ○ 인구구조가 원통형 구조로 안정화되어 정상상태에 도달했을 시점의 국민연금 적립금 운용 방안
    - 매우 장기적인 관점에서의 운용 방안을 고려하는 것이기 때문에 구체적인 운용 방안에 대한 설정이 불가능
    - 국민연금 적립금 중기적 운용 방안 설정시 장기적 파급효과를 고려하여 중기적 운용 방안을 수립하자는 측면에서 고려
  ○ 적립식 방식과 부과방식에 대한 이론적, 경제적 고찰에 대한 논의가 필요

<국민연금 부과방식에 대한 이론적 접근>

□ 적립식 방식(funded system)
  ○ 젊은 세대가 현재 사회보장 기여금을 지불하고 노후가 되면 자신이 낸 기여금만큼 되돌려 받음
    - 기여금에 대한 이자율이 시장이자율과 같은 경우 민간저축과 동일
  ○ 사회보장제도가 없이 개인이 저축을 통해서 노후를 대비하는 경우 저축이 최적수준보다 높아져 동태적 비효율성 발생 가능
  ○ 적립식 방식은 기본적으로 민간저축과 다르지 않기 때문에 동태적 비효율성 발생 가능

□ 부과방식(pay-as-you-go system)
  ○ 부과방식 도입의 이론적 배경
    - 적립식 방식에 따르면 개별 경제주체들이 노후를 위해서 저축

- 이 과정에서 경제 내에 저축률이 높아지면서 자본이 과도하게 축적되어 동태적 비효율성 발생
○ 과도한 자본축적으로 발생하는 비효율을 해결하기 위해서 젊은 세대에게 사회보장세를 걷어 노령 세대로 이전시키는 부과방식 도입
○ 부과방식을 축약적으로 표현하면 다음과 같다.

$$d_t \mu_t^Y = b_t \mu_t^O \Rightarrow d_t = b_t \theta_t$$

(μ_t^Y: 15~64세 인구수, μ_t^O: 65세이상 인구수, $\theta_t = \mu_t^O / \mu_t^Y$: 노년부양비
b_t : 일인당 수혜금, d_t : 일인당 부담금)

- 일인당 수혜금, b_t 는 노령부양비와 역의 관계로 노령부양비가 증가하면 수혜금 감소
- 일인당 부담금, d_t 는 노령부양비와 정의 관계로 노령부양비가 증가하면 부담금 증가

□ 노령부양비가 충분히 낮은 경우 부과방식 유지가 가능하나 노령부양비가 높아지면 부과방식보다는 개인 저축을 통한 노후 대비가 유리
○ 개인 저축을 통하면 실질이자율만큼 수익 발생
- 전체 근로소득 중 일부를 노동시장 진입 초기 노후를 위해 저축
- 저축액은 부과방식에서 부과되는 사회보장세와 같다고 가정
- 노동시장 존속 기간을 30년[3]이라고 하면, 30년 후 지급액은 약 $(1+30r)d$
○ 부과방식의 경우 노령부양비의 역수만큼 수익 발생
○ 실질이자율과 부과방식 수익률 비교

$$1+30r = \frac{1}{\theta} \Rightarrow \theta = \frac{1}{1+30r}$$

- $\theta = \frac{1}{1+30r}$ 이면 적립식과 부과식 무차별
- $\theta > \frac{1}{1+30r}$ 이면 적립식 유리
- $\theta < \frac{1}{1+30r}$ 이면 부과식 유리

○ 실질이자율과 노년부양비와의 관계

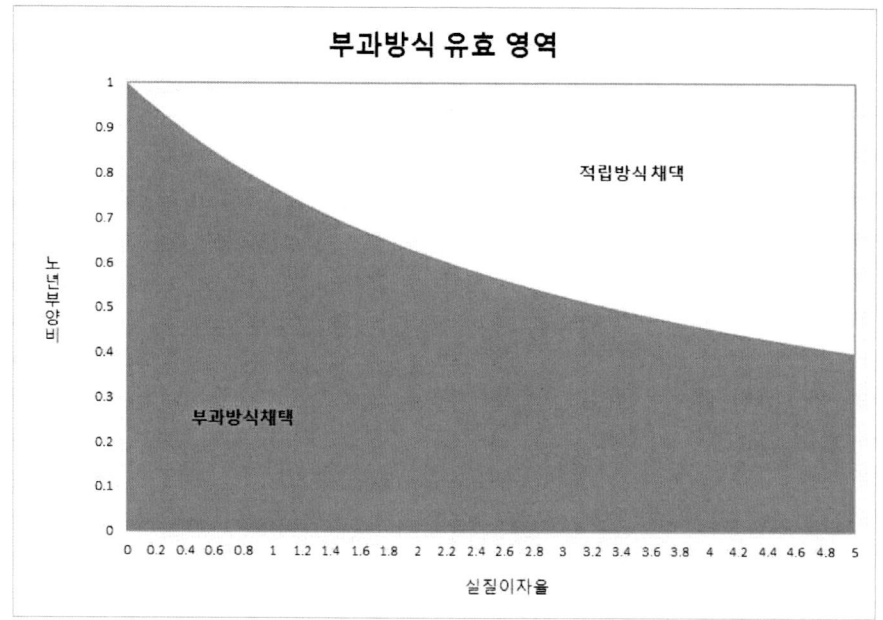

- 가로축이 이자율이고 세로축이 노년부양비로 음영부분이 부과방식이 존재할 수 있는 영역
- 노인부양비가 10%(2010년 기준)인 경우 이자율과 상관없이 부과방식 존재 가능
- 노인부양비가 70%(2060년 기준)인 경우 이자율이 1.4% 미만인 경우만 부과방식 존재 가능
- 장기 거시경제 전망치에 따르면 2060년에는 실질이자율 2.4%[4]로 현재 추계된 노인부양비와 고려할 때 부과방식이 적립식보다 수익률이 낮기 때문에 2060년 적립금 고갈시점에서 부과방식으로 전환이 저항에 부딪힐 수 있음

□ 특정 세대에서 노령부양비가 높으면 적립식에서 부과방식으로 전환할 때 사회적 합의가 이루어지기 어려울 가능성이 높음
  ○ 해당 시점에서 젊은 세대는 본인의 노후를 위한 제도로 적립식을 선호하는데 부과방식으로 제도 변경이 이루어질 경우 실제 부과를 해야 하는 세대의 반대에 부딪힘

---

3) 25세에 노동시장에 진입한 후, 유효 정년시기인 55세까지 일을 한 경우 상정

라. 재정목표 설정

□ 국민연금 재정 안정화를 위해 2차례 제도개혁 실시
  ○ 제1차 제도개혁(1998년)
    - 소득대체율(급여수준) 하향조정: 70% → 60%
    - 연금 수급연령 상향조정: 60세→65세
      • 2013년부터 매 5년마다 1세씩 조정; 2013~2017년 61세, 2018~2022년 62세, 2023~2027년 63세, 2028~2032년 64세, 2033년~ 65세
  ○ 제2차 제도개혁(2007년)
    - 소득대체율(급여수준) 하향조정: 60% → 40%
      • 2008년에 60%→50%로 인하하고, 이후 매년 0.5%p씩 인하하여 2028년 40% 도달
      • 2014년 현재 47%
    - 기초노령연금제도 도입

□ 2007년 연금개혁 후, 추가적 재정안정화 방안을 제3차 국민연금 재정계산(2013년) 시 검토하기로 하였으나, 장기재정목표 및 재정운영방식에 대해 합의를 이루지 못함
  ○ 국민연금 재정계산: 장기적 관점에서 국민연금 재정 건전성을 평가하고 발전적인 방향을 제시하기 위하여 1999년에 도입하여, 2003년과 2008년에 제1차와 제2차 재정계산을 실시

---

4) "장기 재정추계를 위한 거시경제 및 총량변수 전망"(KDI, 2014)

> **국민연금법 제4조(국민연금 재정 계산 및 장기재정균형 유지)** ① 이 법에 따른 급여 수준과 연금보험료는 국민연금 재정이 장기적으로 균형을 유지할 수 있도록 조정(調整)되어야 한다.
> ② 보건복지부장관은 대통령령으로 정하는 바에 따라 5년마다 국민연금 재정수지를 계산하고, 국민연금의 재정 전망과 연금보험료의 조정 및 국민연금기금의 운용 계획 등이 포함된 국민연금 운영 전반에 관한 계획을 수립하여 국무회의의 심의를 거쳐 대통령의 승인을 받아야 하며, 승인받은 계획을 국회에 제출하고 대통령령으로 정하는 바에 따라 공시하여야 한다.
> ③ 이 법에 따른 연금보험료, 급여액, 급여의 수급 요건 등은 국민연금의 장기재정 균형 유지, 인구구조의 변화, 국민의 생활수준, 임금, 물가, 그 밖에 경제사정에 뚜렷한 변동이 생기면 그 사정에 맞게 조정되어야 한다.

☐ 제3차 재정계산 제도발전위원회에서는 두 가지 대안을 제시하였으며, 현 상황에서 즉시 보험료를 인상하지 않고, 제4차 재정계산이 도래하는 2018년 이전까지 재정운영방식 및 장기재정목표를 설정하도록 노력 (「제3차 국민연금 재정계산을 바탕으로 한 국민연금 종합운영계획안」, 보건복지부, 2013.10)

대안 1	대안 2
최대한 빠른 시점부터 단계적으로 보험료 인상을 추진하되, 2017년 전까지 첫 인상 추진	기금 증가 기간 동안에는 보험료 인상에 반대하여, 다양한 재정안정화 방안 검토
[재정목표] 재정계산 추계기간(70년) 마지막 연도를 기준으로 최소한 적립배율이 2배 이상 유지하여 **부분적립방식 유지**	[재정목표] **부과방식**으로 전환하되 기금의 과다 적립 및 급격한 감소 문제를 고려한 재정안정 목표 검토 필요

☐ 국민연금 재정안정을 위한 주요 방안으로는 급여수준 하향조정, 연금 수급연령 상향조정, 보험료율 상향조정을 고려할 수 있으나, 과거 두 차례에 걸친 재정개혁에서 보험료율 상향조정은 고려되지 않음
  ○ 보험료율이 상향조정되지 않았던 이유는 수급자 및 수급에 가까운 대상자가 많지 않은 상황에서 급여수준 하향조정 및 연금수급연령의 상향조정이 상대적으로 국민들의 저항이 작은 용이한 개혁수단이었기 때문으로 사료됨

- 2003년 재정계산 결과에 따라 보험료율 15.9% 인상, 소득대체율 50%로 인하 등을 주요 내용으로 하는 국민연금법 개정안을 제출하였으나 국민들의 저항으로 무산

□ 2013년 제3차 재정계산 후 제시된 (대안 2)에서는 부과방식으로 전환하는 경우, 기금이 증가하는 기간 동안에는 보험료 인상에 반대하는 것으로 나타나고 있으나, 기금이 증가하는 기간에도 보험료를 인상함으로써 연금이 소진되어 부과방식으로 전환되는 시점을 늦출 수 있으며, 이는 미래세대의 부담을 완화시키는 방향으로 작용할 수 있으므로 세대간 부담을 분산시키는 역할

□ (대안 1)에서는 현재의 부분적립방식을 유지한다는 전제 하에 2017년 전까지 보험료를 인상하는 내용을 포함하고 있으나, 구체화되지 않아 실행될지 의문시됨
  ○ 2017년 전 마지막 연도인 2016년에 실행되기 위해서는 2015년에 법적 조치가 마무리되어야 하지만, 아직 두 가지 대안 중에서 어떠한 것을 선택할 것인가에 대한 결정도 이루어지지 않은 상태

□ 국민연금제도 개혁에 대한 설문조사에 따르면 '현행대로 유지해야 한다'는 의견이 34.8%이나, 보험료 상향조정·연금수급개시 연령 상향조정·급여수준 하향조정 등을 통한 개혁에 동의하는 의견이 55.4% 로 나타나고 있음
  ○ 고령층으로 갈수록 현행유지에 찬성하는 의견이 높음
  ○ 제도개혁에 있어서는 연금수급개시 연령 상향조정이 36.1%로 가장 높고, 다음으로 보험료 상향조정 11.5%, 급여 하향조정 7.8%로 나타남
    - 모든 연령대에 있어 '연금수급개시연령 상향조정>보험료 상향조정>급여 하향조정'의 순으로 나타남

<표 23> 국민연금제도 개혁에 대한 입장

(단위: 빈도(%))

문항: 국민연금제도의 미래세대의 재정부담이 늘어난다고 가정할 때 바람직한 제도개혁에 대한 입장은?

구분	보험료를 더 내야 한다	연금수급개시 연령을 늦추어야 한다	급여를 덜 받도록 해야 한다	현행대로 유지해야 한다	잘 모르겠다	기타	전체
5차	138(11.5%)	435(36.1%)	94(7.8%)	419(34.8%)	107(8.9%)	12(1.0%)	1205(100.0%)
연령							
19-29세	23(10.6%)	82(37.8%)	19(8.8%)	63(29.0%)	27(12.4%)	3(1.4%)	217(100.0%)
30-39세	2(9.0%)	97(41.5%)	19(8.1%)	73(31.2%)	23(9.8%)	1(0.4%)	234(100.0%)
40-49세	34(13.0%)	101(38.7%)	21(8.0%)	84(32.2%)	19(7.3%)	2(0.8%)	261(100.0%)
50-59세	32(13.5%)	82(34.6%)	14(5.9%)	84(35.4%)	20(8.4%)	5(2.1%)	237(100.0%)
60세이상	28(10.9%)	73(28.5%)	21(8.2%)	115(44.9%)	18(7.0%)	1(0.4%)	256(100.0%)
가구소득							
200만원 미만	18(9.6%)	57(30.3%)	14(7.4%)	79(42.0%)	18(9.6%)	2(1.1%)	188(100.0%)
200-299만원	22(11.7%)	78(41.5%)	16(8.5%)	64(34.0%)	8(4.3%)	0(0.0%)	188(100.0%)
300-399만원	26(10.1%)	104(40.3%)	14(5.4%)	83(32.2%)	24(9.3%)	7(2.7%)	258(100.0%)
400-499만원	26(12.0%)	73(33.6%)	24(11.1%)	78(35.9%)	16(7.4%)	0(0.0%)	217(100.0%)
500-599만원	24(15.4%)	52(33.3%)	11(7.1%)	54(34.6%)	15(9.6%)	0(0.0%)	156(100.0%)
600만원 이상	16(12.7%)	42(33.3%)	9(7.1%)	49(38.9%)	7(5.6%)	3(2.4%)	126(100.0%)
모름/무응답	6(8.3%)	29(33.3%)	6(8.3%)	12(16.7%)	19(26.4%)	0(0.0%)	72(100.0%)

자료: 「사회정책 욕구 및 인식조사 보고서」, 서울대학교 사회복지연구소·한국조세재정연구원, 2014.05.

□ 2013년 현재, 우리나라 국민연금 수급 개시연령은 61세로 2033년까지 65세로 상향조정되는 것으로 설정되어 있음

[그림 36] 주요국 연금수급개시연령과 실제퇴직연령 현황

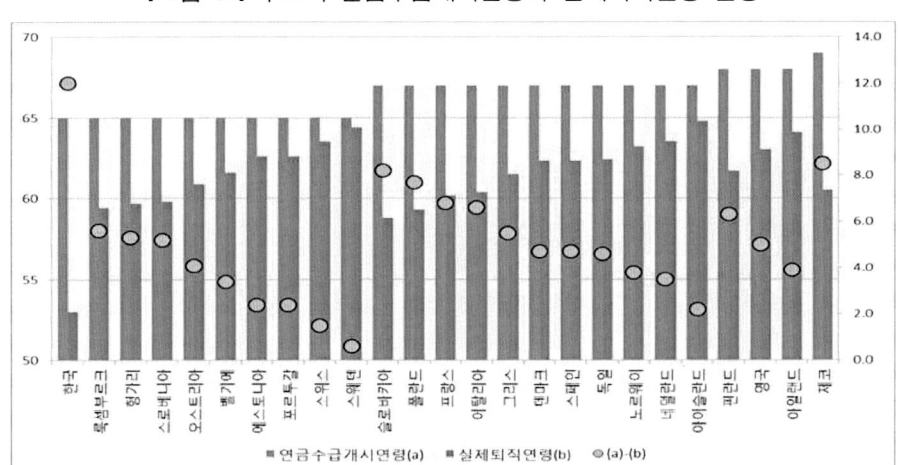

자료: OECD (2013), 『Pensions at a Glance 2013』, Eurostat (Average exit age from the labor force)

○ 해외 주요국 자료를 살펴보면, 65세에서 67세로 높일 여지가 존재
○ 그러나 이와 같은 경우 퇴직시점에서 연금수령 시점까지가 매우 길어질 가능성 존재
  • 최근 언론 등에 나타난 자료에 의하면 우리나라 실질퇴직 연령은 53세 (한국경제 2014.8.25.)
  • 주요국의 연금수급개시연령과 실질퇴직연령의 차이는 평균 5세이나, 한국은 12세
○ 또한 저소득층의 경우, 상대적으로 기대수명이 짧으므로 이들에 대한 별도의 조치 필요

□ 2012년 기준, OECD 주요국의 강제적 공·사적연금의 평균 소득대체율은 54.0% (평균소득 기준) 수준이며, 우리나라는 39.6% 로 낮은 수준
○ 우리나라는 2028년까지 매년 소득대체율이 감소하도록 예정되어 있어 추가적 소득대체율 하향조정은 어려운 측면 존재
  - 2012년 48%, 2028년 40%

[그림 37] OECD 주요국 소득대체율 현황 (2012년 기준, 평균소득층)

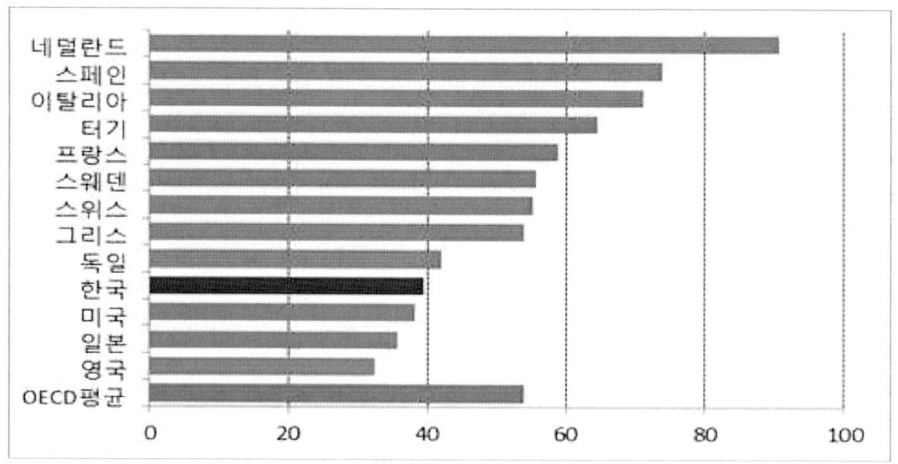

주: 강제로 적용되는 공·사적 연금(mandatory pensions)의 총소득대체율
자료: OECD (2013), 『Pensions at a Glance 2013』

□ 우리나라는 OECD 주요국 중에서 공적연금 보험료율이 가장 낮은 편에 속하는 것으로 나타남

  ○ OECD 평균(2012년)은 19.6% 수준이며, 우리나라는 9.0%

[그림 38] OECD 주요국 공적연금 보험료율 현황(2012년 기준)

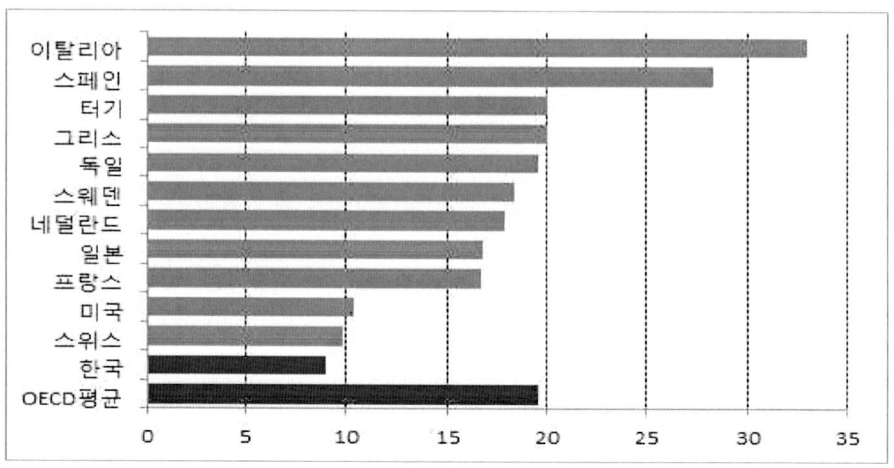

주: 영국의 경우, 공적연금 보험료율을 별도로 구분할 수 없음
자료: OECD (2013), 『Pensions at a Glance 2013』

○ 일본의 경우, 1996년부터 13.58%로 유지되던 보험료율을 2004년부터 매년 0.354%p씩 증가시켜 2017년 18.3% 수준으로 증가시키도록 개혁 (피용자연금: Earnings-linked pension)

□ 요컨대, 국민연금 재정안정을 통해 미래세대에 대한 부담을 줄여줄 수 있는 방안으로는 급여수준 하향조정, 연금 수급연령 상향조정, 보험료율 상향조정을 고려할 수 있는데, 이 중에서 보험료율 상향조정을 우선적으로 고려 가능

[그림 39] OECD 국가 소득대체율·연금보험료율 (OECD 평균 100 기준)

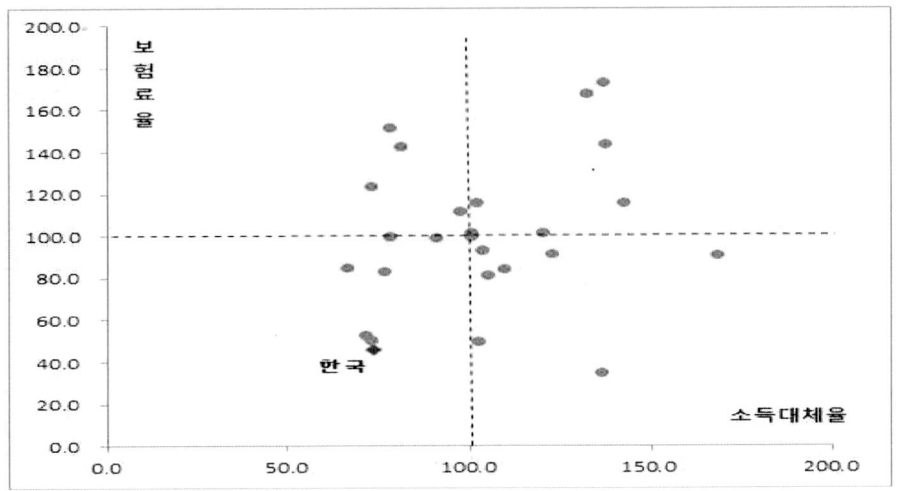

자료: OECD (2013), 『Pensions at a Glance 2013』

○ 연금수급연령의 경우, 일부 해외국들의 사례와 같이 67세로의 상향조정을 고려할 수 있으나, 우리나라의 은퇴시점을 고려시, 도입하기 어려운 측면 존재
○ 급여수준은 현재도 낮은 수준이며, 향후 더 낮아지도록 설계되어 있음
 - OECD 평균 100기준, 한국은 73.4
○ 국민연금 보험료는 1999년 국민연금이 전 국민을 대상으로 실시한 이후 9.0% 유지되고 있음
 - OECD 평균 100기준, 한국은 45.9
○ 보험료 상향조정으로 인한 소비위축이 우려되지만, (하나의 설문조사 결과이기

는 하지만) 모든 연령대에 있어 보험료 상향조정이 급여 하향조정보다는 선호되는 것으로 나타남

□ 2013년 제3차 재정계산 후 제시된 두 가지 대안 중 '대안 1'에서 현행의 부분적립방식을 유지하며, 2017년 전까지 보험료를 인상하는 내용을 포함하고 있으나, 아직 두 가지 대안 중에서 어떠한 것을 선택할 것인가에 대한 결정도 이루어지지 않은 상태
  ○ 2017년 전 마지막 연도인 2016년에 실행되기 위해서는 2015년에 법적 조치가 마무리되어야 함
  ○ 향후 선거일정을 염두에 둘 때, 재정개혁을 서두를 필요
    - 2016년 4월 제20대 국회의원 선거, 2017년 12월 제19대 대통령 선거
  ○ 개혁이 늦어질수록 미래세대의 부담은 증가되며, 이것은 정치적으로도 부담

□ 현행 부분적립방식의 유지와 부과방식으로의 전환 모두 미래세대의 부담을 완화하는 방향으로 추진되어야 함
  ○ 결국에는 적립금이 소진되어 부과방식으로 전환된다고 해도, 재정개혁으로 인한 수급시점의 연기는 미래 특정세대가 책임질 부담을 완화시키므로, 세대 간 부담을 분산시킬 필요성 존재
  ○ 특정시점에 부분적립방식에서 부과방식으로 전환되는 것을 명시하여, 미래 경제주체들에게 불확실성을 줄여주는 방안을 고려할 수 있으며,
  ○ 2060년에 적립금이 소진된다는 전망은 여러 가정에 의해 산출된 것이므로, 출생률·부양률 등의 상황변화에 따라 제도전환 시점을 결정하는 Contingency Plan도 검토 대상
  ○ 더불어 국민연금 개혁에 따른 형평성 측면에서, 공무원연금·군인연금·사립학교교직원연금에 대한 개혁 함께 추진
  ○ 또한 노후소득보장에 있어 정부의 역할을 강조하기보다는 젊은세대 및 미래세대 경제주체들이 경제활동 시기에 스스로 노후소득을 준비할 수 있도록 하는 정책적 지원과 사회적 분위기 조성 필요
    - 증가하는 고령층 비중으로 인하여 의료보험, 노인장기요양보험, 기초연금 등에 대한 젊은세대 및 미래세대의 부담은 급속도로 증가할 것으로 전망됨

4. 국민연금 개혁을 위한 사회적 합의 절차

가. 사회적 합의의 필요성

☐ 연금개혁은 세대간, 소득계층간 갈등 등 다양한 갈등요인을 내포하고 있음
  ○ 개혁으로 인해 손해를 보는 자들의 반발을 유발
  ○ 정부는 국민들에게 개혁의 필요성을 알리고, 손해를 보는 자들을 위한 보상대책을 마련하여 사회적 합의를 이루려는 노력이 필요
  ○ 2013년 세법개정안 및 기초연금제도 사례에서 볼 수 있듯이 사전 공감대 없이 추진하는 정책은 국민들의 큰 반발을 불러올 수 있음

☐ 본 장에서는 해외의 연금개혁 사례를 분석하여 사회적 합의의 중요성을 고찰
  ○ 해외 주요국(영국, 프랑스, 일본, 미국) 사례를 통해 성공사례의 공통점 및 실패사례의 원인을 분석5)
  ○ 우리나라 현실에 맞는 시사점 도출

나. 성공사례의 요인 및 우리나라 경우와의 비교

☐ 연금개혁의 성공 요인
  ○ 정부는 본격적인 개혁 추진에 앞서 연금개혁의 필요성을 국민들에게 알리고 공감대를 형성
    - 미국 부시행정부의 경우처럼 충분한 공감대 없이 개혁을 추진할 경우 국민들의 지지를 얻기 어려우며, 야권 입장에서도 협조할 동기가 없음
    - 반면 국민의 공감대를 얻은 개혁일 경우 야권에서는 정치적인 목적으로 무조건적인 반대를 할 수 없음
  ○ 구체적인 개혁방안에 대해서는 독립적인 위원회를 설치하여 논의
    - 영국의 연금위원회, 프랑스의 연금자문위원회, 일본의 국민연금심의회, 사회보험심의회, 사회보장제도심의회, 사회보장개혁에 대한 전문가 검토회 등

---

5) 우리나라 및 해외사례는 유호선(2013), 정홍원(2008), Sarfati and Ghellab(2012), Tompson and Price(2009)를 참고하여 요약·정리하였음

- 다양한 이해관계자들을 포함시켜 다양한 집단의 이해관계를 대표하여야 하지만, 대표성만 부각될 경우 각각 자신의 의견만 주장하고 합의에 도달하기가 어려울 수 있으므로 충분한 숫자의 중립적인 전문가도 포함시켜 대표성과 전문성의 균형을 이루어야 함
- 독립적, 중립적인 위원회에서 발표한 보고서를 바탕으로 정부는 개혁을 추진
- 미국 부시행정부의 경우 연금위원회를 설치하였지만 정부가 개혁의 방향을 정해놓고 이에 동의하는 인사로만 구성하여 국민들의 신뢰를 잃어버림

○ 개혁 추진 과정에서 이해관계자 및 국민 여론 청취 및 반영 노력
- 영국의 경우 관계부처 장·차관 및 이해관계자가 참여한 심층토론, 일반 시민들과 벌인 토론회, 인공위성으로 여러 지역을 연결한 대토론회, 인터넷 설문사이트 등을 운용하여 다양한 계층의 의견을 수렴
- 프랑스의 경우 정부가 노조와 적극적으로 협상, 총리의 편지를 각 가정으로 전달, 신문, 인터넷 등을 통한 대국민 홍보 등의 노력
- 일본의 경우 80년대에는 우편을 통한 대대적인 설문조사, 최근에는 대국민 홍보 책자 발행, 대화집회 개최, 홈페이지, 페이스북 등을 통한 의견 교환

○ 이해관계자 및 국민들의 충분한 공감을 얻은 개혁안은 국회에서 큰 논란 없이 여야 합의로 쉽게 통과

□ 우리나라와의 차이점
○ 우리나라에서도 2002~07년도의 연금개혁 논의 과정에서 위의 절차를 따름
- 하지만 합의 과정 내내 진통이 있었으며 끊임없는 공방 끝에 2007년 통과
- 해외의 성공사례를 형식적으로만 따랐을 뿐, 본질적으로는 차이가 있음

○ 국민연금발전위원회(발전위)의 역할 미흡
- 개혁안 제시를 목표로 복지부 장관 자문기구로 설치
- 정부위원, 학계, 가입자 대표, 언론, 시민단체 등 15명으로 구성되었지만 전문성보다 대표성이 부각
- 이를 만회하기 위해 산하에 전문가 위주로 구성된 제도발전전문위원회와 재정분석전문위원회 설치
- 이 같은 구성은 전문성이 높은 인사들의 의견을 전문성이 낮은 인사들이 최종

적으로 결정하게 된다는 문제가 있음
- 이 결과 제도전문위에서 발표한 3가지 대안을 검토하여 단일안 제시의 역할을 맡은 발전위 위원들은 각자의 대표성만을 부각하여 단일안 도출에 실패
- 발전위의 단일안 도출 실패 및 3가지 대안 제안은 결과적으로 다양한 이해관계자들이 3가지 대안 중 유리한 안을 선택하여 각자의 입장을 고수하도록 유도
- 발전위의 단일안 도출 실패는 이후 복지부, 여당, 야당이 각각의 개혁안을 내놓는 계기가 되었으며, 정부가 국민연금법 개정안을 제출한 이후 30여개의 의원발의 법안이 국회에 제출됨

○ 정부의 홍보 및 여론 수렴 의지 부족
- 정부 및 발전위는 여러 차례 공청회를 개최하였지만 이는 형식적이었으며, 공청회에서 제안된 의견이 개혁안에 반영되는 사례는 거의 없었음
- 정부 주도의 토론회 사례는 드물었고, 전국농민총연맹, 민주노총, 한국노총 등이 공동주최한 "국민연금 개혁 토론회" 등 이해관계자들이 스스로 주최하여 일방적으로 의견을 내세우는 자리가 됨
- 발전위 회의자료 등 개혁 관련 자료들이 일반 대중에게 공개되지 않았으며, 국민연금의 혜택 및 개혁 필요성에 대한 홍보 부족으로 인터넷 네티즌들을 중심으로 국민연금에 대한 반대의견이 고조됨

○ 국회 위주의 논의
- 발전위, 공청회 등에서 나온 의견은 거의 반영되지 않고, 결과적으로 주된 논의가 국회에서 이루어지게 됨
- 법안의 내용보다는 법안의 통과에 집착하는 모습을 보임
- 이는 사전 충분한 논의 후 국회에서는 별다른 논쟁 없이 쉽게 통과된 해외 사례와는 상반됨
- 국회에서의 논의도 합의보다는 서로의 이해관계로 인한 정쟁의 성격을 띠게 됨. 여야가 국민연금법과 사학법을 맞교환했다는 비판도 존재

□ 재정정책 결정과 관련된 정치경제학 이론 연구[6]
○ 정치인이 주도적인 역할을 하는 것이 이상적인 경우

---

6) Maskin and Tirole(2004), Alesina and Tabellini(2007,2008) 참고

- 사회적 선호도, 정책환경의 변화 등으로 정책결정의 유연성이 중요한 경우
- 정책으로 인해 손해를 보는 집단을 위한 보상대책 마련이 필요한 경우
- 다른 정책과의 조화 등 여러 정책들 사이의 종합적인 검토가 필요한 경우
○ (중립적인) 정부 관료가 주도적인 역할을 하는 것이 이상적인 경우
  - 정치인에게 맡겼을 경우 시간 불일치성 등으로 단기적인 고려만 이루어지는 경우
  - 정책결정에 전문적인 지식이 필요한 경우
  - 이익집단 등 특정집단의 영향력이 큰 경우
○ 하지만 정부 관료 또한 현 정권을 위해 일한다는 면에서 정치적 성격이 있음
  - 이 경우 전문가 집단에 위임하는 것이 바람직
  - 특히 고난도의 전문적인 지식을 필요로 하는 경우 전문가 집단의 역할이 필요

□ 시사점
○ 개혁 추진에 앞서 개혁의 필요성에 대한 국민 공감대 형성이 필요
○ 구체적인 개혁안은 정계가 아닌 전문가 집단에서 만들고, 논의과정에서는 국회 위주가 아닌 국민 전체가 참여해 의견을 종합하는 노력이 필요
  - 정부의 역할은 이러한 논의의 장을 마련하고, 국민 전체의 의견이 잘 반영될 수 있도록 하는 것
○ 따라서 국회에 도달하기 전 개혁안은 충분한 사회적 합의를 거치고, 국회는 개혁으로 인해 손해를 보는 집단을 위한 보상대책을 마련하는 역할
○ 이는 앞서 언급한 정치경제학 이론 연구와도 부합

다. 주요 연금개혁 사례

1) 영국

□ 영국은 2007년과 2008년 연금개혁 실시
  ○ 2007년 연금개혁의 주된 목표는 노인빈곤 완화
  ○ 2008년 연금개혁의 주된 목표는 개인연금의 활성화

□ 연금개혁의 배경

  ○ 8,90년대 영국의 보수당 정권은 공적연금을 축소하고 사적연금을 확대함

  ○ 그 결과 노인빈곤율이 급증

  ○ 정부의 규제가 부족해 사적연금으로 인한 개인의 막대한 손해 발생

  ○ 노동당의 토니 블레어 총리 집권 후 연금개혁 논의 활성화

    - 국가소득비례연금(State Earning-Related Pension)을 폐지하고 국가제2연금(State Second Pension)을 도입하여 저소득층의 혜택 확대

    - 최저소득보장제도 도입 등

□ 연금위원회(Pensions Commission) 설립

  ○ 2002년 영국 정부는 독립기관인 연금위원회를 설립

    - 연금제도의 문제점을 파악하고 개선안을 도출하는 역할

    - 금융, 재정, 사회정책 등 각 분야 전문가들로 구성

  ○ 2004년 1차 보고서, 2005년 2차 보고서 및 최종 보고서 제출

    - 연금제도의 현황 분석 및 인구학적 변화 등의 추세, 개혁방안 등 제시

    - 연금위원회의 보고서는 이후 연금개혁을 둘러싼 논의의 주된 자료로 이용됨

□ 연금개혁을 위한 사회적 합의 과정

  ○ 대국민 토론에 앞서 실무진 및 이해당사자 간의 토론

    - 2005년 6월부터 11월까지 전국 8개 지역에서 관계부처 장·차관 및 지역의 이해당사자들이 한자리에 모여 연금위원회 보고서를 바탕으로 연금개혁을 논의

    - 2006년 1월 장·차관 및 노인회, 영국보험협회 등의 이해관계자가 참석한 세미나 개최

    - 2006년 2월 장·차관, 정치인, 근로자, 고용주 등이 참석한 심층토론 개최

  ○ 대국민 토론회 개최

    - 연금개혁의 필요성을 국민들에게 알리고 국민들의 의견을 청취하기 위한 대국민 토론회를 전국적으로 실시

    - 사우스햄튼(2월18일)과 맨체스터(2월25일)에서 우선적으로 지역토론회 개최

    - 3월18일 런던, 버밍험, 뉴캐슬, 글라스고, 남웨일즈, 벨파스트 등 6개 지역을

인공위성으로 연결하여 대대적인 토론회 개최
- 인터넷에 설문사이트를 개설하여 설문조사 실시
- 이해관계자 및 전문가들의 의견을 수렴하고 이들이 토론 결과와 관련된 의견을 인터넷에 게재하여 국민들에게 알릴 기회 제공
- 토론회에는 전문가가 아닌 일반 시민들이 추첨에 의해 선발되어 참석하였으며 토론 전 이들에게 연금에 대한 충분한 정보를 제공

○ 2006년 4월 정부는 대국민 토론회에서 나온 의견을 모아 보고서 출판
○ 이후 연금위원회의 의견과 국민들의 의견을 반영하여 두 가지 백서(white paper) 출판
- 5월 "Security in retirement: towards a new pension system" 발간
- 12월 "Personal Accounts: a new way to save" 발간
- 두 가지 백서 발간 이후 각각의 백서에 대한 각계각층의 의견을 모아 각각의 보고서도 출판
- 위의 백서와 보고서를 바탕으로 연금개혁에 착수

○ 5년간 철저하게 준비하였으며 토론회를 통해 국민들에게 알리고 국민들의 의견을 수렴하였기에 연금개혁 법안은 큰 어려움 없이 의회에서 통과

□ 연금개혁의 주요 내용

○ 2007년 연금개혁(The Pensions Act 2007)
- 자격근로기간을 남자 44년, 여자 39년에서 남녀 모두 30년으로 축소
- 수급액을 물가상승률이 아닌 임금상승률에 연동
- 기여요건 완화로 수급자격자 확대
- 육아와 같은 돌봄노동 종사자들의 수급권 확대 및 강화
- 연금수급개시연령을 2020년까지 65세도 점진적으로 연장(기존에는 남자 65세, 여자 60세), 2024년 이후 2046년까지 68세로 추가 연장
  ※ 2011년 연금개혁을 통해 연금수급개시연령 연장속도를 가속화함

○ 2008년 연금개혁(The Pensions Act 2008)
- 사적연금 가입 활성화를 위해 개인계좌제도인 National Employment Savings Trust를 도입하여 직장을 통해 연금을 가지고 있지 않은 근로자들이 자동으로 가입되게 함

□ 연금개혁의 성공요인 평가
  ○ 독립성과 전문성이 확보된 연금위원회의 주도로 국민들의 신뢰 확보
  ○ 정권이 바뀔 때마다 급속하게 진행된 이전의 개혁들과는 달리 5년간의 준비과정을 거쳐 철저하게 준비
  ○ 정부, 연금위원회, 이해관계자, 국민 전체가 참여하여 각계각층의 의견수렴 및 공감대 형성

2) 프랑스

□ 2003년 프랑스는 다음과 같은 목표의 연금개혁을 실행
  ○ 민간부문과 공공부문 연금의 불평등 해소
  ○ 민간부문 연금과 공공부문 연금의 지속가능성 제고
  ○ 연금으로 인한 조기은퇴 인센티브 축소

□ 공공부문 노조의 강한 반발에도 불구하고 정부는 성공적으로 개혁을 실행

□ 연금개혁을 위한 정치적 환경
  ○ 2002년 중도우파정당이 의회와 대통령 선거에서 승리
  ○ 연금개혁은 2002년 선거공약의 일부
  ○ 이전 진보정권에서도 연금개혁에 대한 공감대가 있었음

□ 프랑스의 연금제도 및 연금개혁의 역사
  ○ 프랑스의 연금제도는 직업별 파편화가 심하며 특히 공공부문은 관대한 연금제도의 혜택을 누림
  ○ 확정급여형(Defined Benefit) 및 부과방식(Pay-As-You-Go)으로 운영되어 인구 및 경제적인 변수에 취약한 특징
  ○ 1980년대 말부터 연금의 지속가능성에 대한 우려가 제기됨에 따라 근로자 기여율(contribution rate)을 인상하였으나 근본적인 해결책으로는 부족하다는 지적
  ○ 1993년 중도우파 정권은 민간부문 연금개혁을 실시

- 최소기여기간을 37.5년에서 40년으로 확대
- 급여액의 기준이 되는 기간을 생애경력 중 가장 소득이 높았던 10년 평균에서 25년 평균으로 확대
○ 일부 반발이 있었으나 큰 저항 없이 개혁에 성공
- 집권당이 의회에서도 다수의석을 차지
- 노조가입률이 낮으며 노조의 성격이 상대적으로 온화한 민간부문만을 대상으로 한 개혁: 평균 연령이 높으며 노조가 더 조직화되어 있는 공공부문은 개혁의 대상에서 제외
- 제도의 점진적인 변화를 통해 연금문제에 상대적으로 덜 민감한 젊은 세대에게 많은 부담을 전가
- 충분한 기여를 하지 못한 사람에게 최소한의 연금혜택을 주도록 하여 노조의 요구를 수용
- 연금운용에 관여할 노조의 역할을 정부가 확인시켜 줌
○ 1995년 공공부문 연금개혁 시도가 있었지만 강력한 저항으로 실패
- 사회적 합의 과정에서 개혁이 무산될 것을 우려한 정부가 비밀리에 개혁을 추진한 후 갑작스럽게 발표함으로써 반발을 촉진
- 연금운영에 관여할 노조의 역할을 위협함
- 1993년 개혁안과 내용은 비슷하지만 공공부문과 민간부문의 다른 특성으로 인해 1993년 개혁이 민간부문 근로자들 중 일부에게만 영향을 미치는 반면 1995년 개혁안은 공공부문 근로자들의 대부분에게 영향을 미침
○ 이후에도 연금개혁의 필요성이 꾸준히 제기되어 2003년 개혁으로 이어짐

□ 연금자문위원회(Conseil d'Orientation des Retraites: COR)의 역할
○ 2000년에 설립되었으며 공무원, 정치인, 노조, 학자, 은퇴자 등 상반되는 이해관계를 가진 당사자들 간의 합의와 타협을 이끌어내는 역할을 함
○ 2003년 개혁과 관련해서는 구체적인 합의안을 이끌어내진 않았지만 연금개혁의 방향에 대한 공감대를 형성
- 연금개혁의 필요성에 대한 공감대 형성
- 구조적인 개혁보다는 기존 제도하에서 조건 및 수치를 변화시키는 것이 적합

하다는 공감대 형성, 즉 PAYGO 제도를 유지하면서 최소기여기간, 기여율, 소득대체율 등을 변화시켜야 한다고 지적
- ○ 국민들이 연금제도의 지속가능성에 대한 문제를 인식하고, 공공부문 종사자들도 공공부문 연금개혁의 필요성을 공감

□ 2003년 연금개혁 절차
- ○ 연금개혁에 관한 논의는 2002년 선거 이전부터 진행
  - 2002년 선거 결과에 관계없이 연금개혁이 실시될 것으로 전망되어 정치적 뿐만 아니라 실무적으로도 관련 부처에서 논의가 시작됨
  - 선거 이후 본격적으로 총리실 주도하에 관계 부처들이 모여 실무적 협의를 진행
- ○ 관련 부처들은 연금개혁의 큰 방향에 대해서 합의
  - 구조적 개혁보다는 기존 제도 하에서 수치적 개혁이 바람직
  - 민간부문 연금의 추가적인 개혁이 필요하지만, 형평성을 고려할 때 공공부문 연금개혁이 선행되어야 함
  - 급진적인 개혁보다는 점진적인 개혁이 필요
  - 은퇴연령을 늦출 인센티브를 제공하고, 기여와 혜택 간의 상관성을 강화할 필요
- ○ 연금개혁 법안의 주요 내용은 공공부문 연금을 민간부문 연금과 유사한 수준으로 조정
  - 공공부문 근로자의 최소기여기간을 40년으로 확대
  - 연금을 임금인상률이 아닌 물가상승률에 연동 등
  - 1995년과 같은 실패를 방지하기 위해 1995년 연금개혁 저지에 주도적인 역할을 했던 공공교통, 전기, 가스 부문은 개혁대상에서 제외하고 경영진과 노조 간의 합의에 맡김
- ○ 의회 과반수 확보로 인해 의회 내 논의과정에서는 큰 반발이 없었지만 노조의 강렬한 저항이 발생
  - 파업과 함께 최대 100만명이 시위에 참가
- ○ 정부는 온화한 성격의 노조들과 우선적으로 협상을 하여, 나머지 노조들을 고립시키고 반대파의 힘을 약화시킴
  - 최소보장연금을 법정최소임금의 75%에서 85%로 인상

- 공공부문 근로자들의 임금뿐만 아니라 성과금도 연금기준액에 포함
- 14~16세에 노동을 시작한 근로자들은 조기퇴직 허용 등

□ 성공적 개혁을 위한 정부의 전략
  ○ 개혁에 실패했던 1995년과는 달리 언론 등을 통해 연금개혁의 내용과 필요성, 특히 PAYGO제도를 유지하고자 하는 의지와 공공부문과 민간부문의 형평성 문제를 널리 알림
    - 신문, 인터넷 등을 통해 정부의 의지를 대중에게 알림
    - 연금개혁의 필요성에 관한 총리의 편지를 각 가정으로 전달하고, 노동부장관의 공개서한 발표
  ○ 정부의 이러한 홍보 전략으로 연금개혁에 대한 대중의 지지를 얻는 데 성공
    - 연금개혁의 필요성, 공공부문 연금의 조정 등에 대한 대중의 지지가 여론조사를 통해 나타남

3) 일본

□ 일본의 연금제도와 개혁
  ○ 일본의 연금제도의 1층에는 정액제인 기초(국민)연금, 2층에는 소득비례인 후생연금(민간근로자) 및 공제연금(공무원)이 기반을 이루며, 3층에는 개인연금, 퇴직연금 등 사적연금이 보완
  ○ 적용 확대와 지속가능성 제고 등을 위해 1980년대 이후 꾸준히 개혁이 실시됨
  ○ 그 중 1985년과 2012년 비교적 규모가 큰 연금개혁을 실시

가) 1985년 연금개혁

□ 1985년 개혁의 배경
  ○ 직역별 연금제도 사이의 불평등으로 인해 연금제도의 일원화 필요성
  ○ 무소득 배우자의 노후소득보장 필요성

□ 1985년 연금개혁을 위한 정부 내 논의 과정

○ 1980년 재정재계산 이후 사회 각계각층에서 연금개혁에 대한 필요성 제기
  - 1981년 후생대신의 자문기관인 사회보험심의회에서 간담회 개최
  - 정치권에서도 활발한 논의 시작
  - 임시행정조사회에서 1982년 주요 행정개혁 대상으로 연금제도를 채택
  - 1983년 후생대신 자문기관인 국민연금심의회에서 간담회 개최
  - 사회보험심의회는 후생연금 보험제도 개정에 관한 의견 제출
  - 이후 후생성의 연금개혁에 관한 자문에 사회보험심의회, 국민연금심의회, 그리고 내각총리대신의 자문기관인 사회보장제도심의회에서 각각 답변을 제출
  - 1984년 2월 내각에서 각의결정, 1985년 4월 의회 본회의에서 가결
○ 정부 내 논의 내용
  - 연금적용대상을 전 국민으로 확대하는 기초연금 도입 필요성
  - 무소득 배우자의 연금 혜택 필요성
  - 하지만 기초연금의 성격에 관해서 사회보험심의회 및 국민연금심의회는 보험료 징수를 통한 사회보험 방식을 주장했지만 사회보장제도심의회는 세금을 재원으로 하는 조세방식을 주장

□ 1985년 연금개혁을 위한 여론수렴 과정
  ○ 설문조사를 통한 다양한 이해관계자 의견 수렴
  - 1982년말부터 1983년초까지 우편을 통해 설문조사
  - 학자, 언론인, 공무원, 고용주, 근로자, 자영업자, 무소득 배우자, 청년 등 1,000명을 대상으로 조사하여 이 중 639명이 설문조사에 응답
  - 연금제도 일원화 필요성, 공적연금 지급개시 연령, 사회보험방식과 조세방식, 무소득 배우자 연금, 소득대체율, 적립금 운용 등 핵심이슈에 관한 의견 수렴

□ 1985년 연금개혁의 내용
  ○ 직역별로 국민연금, 후생연금, 공제연금 등으로 나누어져 있는 연금제도를 개편하여 전 국민을 대상으로 하는 기초연금을 도입
  ○ 피용자와 공무원은 2층 연금으로서 소득에 비례하는 후생연금 추가 가능

○ 무소득 배우자에게 연금혜택 부여
○ 급여수준을 인하하여 재정안정화

나) 2012년 연금개혁

□ 2012년 개혁의 배경
  ○ 저출산·고령화로 연금제도의 지속가능성 위협
  ○ 이에 따라 미래세대의 부담을 줄이고 안정적인 재원을 확보할 필요성

□ 2012년 연금개혁을 위한 정부 내 논의 과정
  ○ 민주당 정권은 2010년 정부·여당 사회보장개혁 검토본부 및 그 산하에 사회보장개혁에 대한 전문가 검토회의 설치
    - 사회보장개혁에 대한 전문가 검토회의는 5명의 교수로 구성되어 개혁방안 및 재원확보 등에 대해 논의
    - 사회보장개혁에 대한 전문가 검토회의가 제출한 보고서는 이후 사회보장 및 세제 일체개혁의 바탕이 됨
    - 보고서에서 밝힌 주요 원칙으로는 미래에 대한 투자 개념으로서 전 세대를 위한 사회보장제도의 설계, 지방자치단체의 역할을 확대시켜 주민맞춤형 서비스 제공, 재원확보 방안의 필요성 등
    - 특히 기초연금의 국고부담을 1/2로 유지하기 위해 세수확보가 필요하며, 사회보장의 재원으로 소비세가 적절함을 지적
  ○ 2011년 내각총리대신을 의장으로 하는 사회보장개혁에 관한 집중 검토회의 설치
    - 정부에 조언하며 국민적인 논의를 진행해 여론을 청취할 목적
    - 경제계, 노동계, 학계, 언론 등 다양한 계층과 공개적인 면담을 실시
    - 이러한 내용을 바탕으로 정부·여당 사회보장개혁 검토본부는 사회보장 및 세제 일체개혁 안건을 결정하고 2011년 6월 개혁안을 발표
  ○ 2011년말 정부와 여당은 정부·여당 사회보장 개혁본부를 구성
    - 사회보장 재원 마련을 위해 소비세를 2014년에 8%, 2015년 10%까지 인상하는

내용을 담은 초안을 결정하여 국무회의에 보고
　- 정부에서는 이 초안을 검토 및 논의
　- 이후 위의 내용을 포함한 사회보장제도 개혁 추진법안이 국회에서 통과
○ 2012년 자민당 집권 후 사회보장제도 개혁을 좀 더 구체적으로 논의하기 위해 사회보장제도 개혁 국민회의 설치
　- 주로 학계에 종사하는 교수 및 연구원으로 구성
　- 사회보장 및 세제일체개혁안의 내용을 포함해 폭넓은 내용을 심의할 목적
　- 여론을 수렴하기 위해 2012년 4월부터 5월까지 인터넷 홈페이지, 우편, 팩스를 통해 사회보장제도 개혁에 관한 의견모집 실시

□ 2012년 연금개혁을 위한 여론수렴 과정
○ 대국민 홍보 책자(pamphlet) 발행
　- 2011년 11월과 2012년 3월 두 차례 홍보 책자를 발행
　- 사회보장비 증가로 인한 재정의 악화, 이로 인한 재원 확보의 필요성 및 사회보장제도 개혁 방안에 대해 국민들에게 알림
○ 대화집회 개최
　- 2012년 2월부터 8월까지 전국 66개 지역에서 대화집회를 개최
　- 정부 측에서는 부총리 및 담당 장관들이 참석하였으며 신청을 통하여 선발된 시민들과 이해관계자들이 참석, 전 기간 총참석인원은 8,079명
　- 사회보장과 세제 일체개혁에 대해 국민들에게 설명하고 의견을 청취

□ 2012년 연금개혁의 내용
○ 소비세 인상으로 인한 재원을 이용하여 기초연금 급부지출의 국고부담비율을 1/2로 유지
○ 저소득층의 소득보장 강화
○ 연금수급 자격기간을 25년에서 10년으로 축소
○ 출산 전후 휴가기간 사회보험료 면제
○ 비정규직 근로자 후생연금 적용 확대
○ 후생연금과 공제연금의 일원화

□ 연금개혁의 성공요인
  ○ 전문가로 구성된 위원회의 보고서를 바탕으로 정부가 개혁안 작성
  ○ 정부 고위공직자들이 전국을 순회하며 연금개혁의 필요성과 방안을 국민들에게 알림
  ○ 논의 과정에 다양한 이해관계자의 참여를 유도
  ○ 또한 홈페이지, 페이스북 등을 통해 국민들에게 정보를 제공하고 여론을 청취
  ○ 급속하게 추진하지 않고 다년간에 걸쳐 엄밀히 추진하여 국민들의 신뢰 확보

4) 미국

□ 미국은 2005년 연금(social security) 개혁을 시도하였으나 실패
  ○ 논의의 주된 내용은 개인연금계좌를 개설해 payroll tax의 일부를 개인계좌에 적립하는 방안
  ○ 민주당 의원은 물론 일부 공화당 의원들마저 반대

□ 개혁 논의의 배경
  ○ 1980년대부터 보수적인 think-tank, 로비단체, 이익집단 등을 위주로 개인연금계좌에 관한 논의가 꾸준히 진행됨
  ○ 인구 고령화에 따라 연금제도의 장기적 지속 가능성에 대한 우려가 제기되면서 연금의 부분적 민영화에 대한 논의도 확산됨
  ○ 공화당 의원들은 개인계좌 도입에 대체로 찬성하였지만 대부분의 민주당 의원들은 반대
  ○ 개인계좌 도입은 2000년 대선 당시 부시 대통령의 선거 공약이었으며, 2004년 선거에서 부시 대통령이 재선에 성공하고, 공화당이 상하원 모두 과반수를 획득하자 부시 행정부에서 개혁을 적극적으로 추진

□ 개혁 논의에 대한 입장
  ○ 재계, 금융계, 보수진영은 개인계좌 도입에 찬성
    - 재계는 개인계좌 도입이 장기적으로 payroll tax 인상을 억제할 것으로 기대

    - 금융계는 개인계좌 도입으로 금융회사들의 역할과 이익이 커질 것으로 기대
    - 보수 정치인 및 학자들은 국가가 일률적으로 운용하는 것보다는 개인이 본인의 선호에 따라 운용하는 게 더 합리적이며, 개인계좌 도입으로 개인의 저축 동기가 강해질 것이며, 기여와 수급 사이의 관계가 명확해서 투명성이 향상될 것이라고 주장
  ○ 노동자 조합, 은퇴자 조합, 진보진영은 개인계좌 도입에 반대
    - 개인들이 규모가 작은 계좌를 일일이 운용하는 비용과 투자위험을 고려할 때 국가가 운용하는 것이 더 효율적이라고 주장
    - 개인계좌 도입은 연금의 재분배 효과를 크게 축소시킬 것이라고 주장
    - 개인계좌가 도입되면 장기적으로 연금의 규모와 역할 자체가 줄어들 것이라고 우려

□ 개혁 논의의 진행
  ○ 취임 직후인 2001년 5월 부시 행정부는 연금개혁을 위한 위원회 구성
    - 2001년 12월까지 개혁안을 보고할 의무
    - 초당파적인 인사로 구성되었으며 공청회 등을 통해 다양한 의견을 청취하긴 했지만, 중립적이었던 이전의 연금위원회와는 달리 개인연금계좌 도입을 찬성하는 인사들로 구성되어 개혁의 방향을 미리 정해 놓음
    - 12월 세 가지 개혁안을 내놓았으며, 모두 개인연금계좌를 도입해 payroll tax의 일부를 개인계좌에 적립하는 방안과 사회보장기금(Social Security Fund)의 부족분을 일반회계에서 충당하는 방안을 포함
    - 위원회의 개혁안은 부시 취임 후 세금인하로 인한 재정수지의 급속한 악화, 911테러로 인한 정책 포커스의 전환, Enron, WorldCom 스캔들로 인해 개인의 주식시장 투자에 대한 불안감 확산 등으로 추진 동력을 잃음
  ○ 부시 행정부는 재선 승리 직후부터 연금개혁을 재추진
  ○ 2005년 2월 개혁안 작성
    - 55세 이하 근로자를 대상으로 payroll tax의 4%p를 개인연금계좌에 적립하는 방안
    - 따라서 기존의 연금혜택은 개인연금계좌 적립금의 가치만큼 감소

○ 정부의 개혁안은 개인연금계좌에 관한 일반적인 방침만 언급
  - 구체적인 사항은 공화당 의원들에게 맡겨 의회에서 결정하도록 유도
  - 이는 메디케어 파트D의 성공사례를 재현하려는 시도였지만 메디케어 파트D의 경우와는 달리 연금혜택축소 논란을 일으킬 수 있는 안건을 정치인이 나서서 지지할 동기가 부족
  - 공화당 내부에서도 구체적인 방안을 두고 의견이 나누어짐
  - 정부는 논의의 초점을 개인연금계좌 대신 지속가능성 이슈로 바꾸려고 했지만, 지속가능성 위기에 대한 공감이 없었고, 개인연금계좌가 지속가능성 해결과 직접적으로 연관이 없다는 비판을 받음
○ 부시 행정부가 직접 대국민 설득에 나섰지만 실패
○ 민주당 의원과 협상이 어려워 보이자 부시 대통령 및 고위공직자들은 60일 동안 60군데를 방문하여 국민들을 설득하고자 노력
○ 개인연금계좌에 대한 대중의 지지가 부족하고, 구체적인 방안에 대한 합의가 없자 공화당 의원들도 개혁의 실행가능성이 없음을 인정
○ 2006년 선거에서 공화당의 패배로 연금개혁 추진은 실패로 결론

□ 개혁 실패 요인
○ 개혁의 필요성 또는 방안에 대한 사전 공감 없이 정부가 일방적으로 주도
  - 민주당 의원들의 타협 거부
  - 공화당 의원들 사이에서도 구체적 방안에 대해 의견이 나누어짐
  - 정부는 일반적인 방침만 제안하고 구체적 사항은 공화당 의원들에게 맡겼지만 논란의 중심에 서게 될 것을 우려해 공화당 의원들도 주도적으로 나서지 않음
  - 이익집단의 강렬한 저항
  - 특히 대통령의 지지율이 높지 않은 상황에서 행정부 주도의 개혁은 대중의 지지를 얻는 데 실패
○ 대국민 홍보 부족
  - 개인연금계좌 도입의 주된 수혜자는 고소득층, 젊은 세대이며, 특히 젊은 세대 중 저소득층도 혜택을 볼 수 있지만 정부의 홍보 및 설득 부족으로 젊은 저소득층은 개혁 논의에 적극적으로 참가하지 않음

- 개인연금계좌 도입으로 인해 재분배 기능이 약화되는 것을 만회하기 위해 누진적 연동제(progressive indexation) 도입을 제안했지만 보수층에서는 지나친 재분배 확대, 진보층에서는 장기적으로 연금의 인기를 하락시킬 것을 우려해 반대

<참고자료>

남재현, 「고령화시대에 대비한 국민연금 기금운용 방향」, 한국금융연구원, 2011.9.
원승연, 「국민연금 기금운용체계의 개선 방안」, 제2회 국민연금 정책 연속토론회 발표자료, 2013. 7.
원종현·주은선, 「국민연금기금 운용정책 비판과 대안을 위한 시론」, 한국사회정책, 제18집 제1호, 2011.
유호선, 「연금개혁을 위한 사회적 합의과정에 관한 연구」, 국민연금연구원, 2013.3.
윤석명, 「노인 빈곤 및 소득분포 실태와 소득지원 방향」, 보건복지포럼, 2013
정홍원, 「국민연금 제도개혁과 사회적 대화」, 정부학연구, 제14권 제2호, 2008.

국민연금공단, 「2013 국민연금 기금운용 보고서」, 2014. 3.
국민연금공단, 「2013 국민연금통계연보」, 2014. 6.
국민연금재정추계위원회·보건복지부, 「제3차 국민연금 재정계산 장기재정전망 결과」, 2013. 3.
매경이코노미, 「당신의 국민연금 안녕하십니까: 국민연금에 대한 세대별 인식 차」, 제1703호, 2013. 4.
보건복지부, 「국민연금 복지사업의 현황과 검토과제」, 제4차 국민연금기금운용위원회 보고안건(11-10호)-토의과제, 2011. 6.
서울대학교 사회복지연구소·한국조세재정연구원, 「사회정책 욕구 및 인식조사 보고서」, 2014. 5.
통계청, 「2013년 10월 사회보험 가입 현황」, 보도자료, 2014.05.21.
통계청, 「사회조사보고서」, 각년도.
통계청, 「장래인구추계」, 2011.12.
한국경제, '국민연금은 쌈짓돈...집 짓고 보육사업 돈대달라', 2011.02.18
현대경제연구원, 「복지에 대한 세대간 인식 차이 조사: 50대 이상은 복지 만족, 20-30대는 복지 불만」, VIP리포트, 13-15[통권 525호], 2013.05.13.

국민연금관리공단 (http://www.nps.or.kr)
한국은행 경제통계시스템 (http://ecos.bok.or.kr/)

Alesina, Alberto and Guido Tabellini, "Bureaucrats or Politicians? Part I: A Single Policy Task," *American Economic Review* 97(1), 2007

Alesina, Alberto and Guido Tabellini, "Bureaucrats or politicians? Part II: Multiple policy tasks," *Journal of Public Economics* 92, 2008

Anderson, B., and J. Sheppard(2010), "Fiscal Futures, Institutional Budget Reforms, and Their Effects: What can be learned?", *OECD Journal on Budgeting*, Vol. 9/3

Diamond, J.(2012), Guidance Note on Sequencing PFM Reform, IMF

Grigoli, F.(2012), MTEFs and Fiscal Performance: Panel data evidence. Washington, DC : World Bank, Poverty Reduction and Economic Management Network, Public Sector & Governance Unit

Harris, J., R. Hughes, G. Ljungman, and C. Sateriale(2013), "Medium-Term Budget Frameworks in Advanced Economies: Objectives, Design, and Performance", Public Financial Management and Its Emerging Architecture, IMF

Heller, P. S.(2003), Who Will Pay? Coping with aging societies, climate change, and other long-term fiscal challenges. n.p.: Foreword by Jeffrey D. Sachs.

IMF(2007), Manual on Fiscal Transparency, IMF

Kenichiro Kashiwase, Mashiro Nozaki, Kiichi Tokuoka, 「Pension Reform in Japan」, IMF Working Paper, 2012. 12.

Maskin, Eric and Jean Tirole, "The Politician and the Judge: Accountability in Government," American Economic Review 94(4), 2004

Sarfati, Hedva and Youcef Ghellab, "The Political Economy of Pension Reforms in Times of Global Crisis," International Labor Office(ILO), 2012.

Schick, A.(2005), "Sustainable Budget Policy: Concepts and Approaches", *OECD*

Journal on Budgeting, Vol. 5/1

Tompson, William and Robert Price, "The Political Economy of Reform," Organisation for Economic Co-operation and Development(OECD), 2009.

Ulla, P.(2006) "Assessing Fiscal Risks through Long-term Budget Projections", *OECD Journal on Budgeting*, Vol. 6/1

OECD(2012), "Looking to 2060: Long-term Global Growth Prospect," *OECD Economic Policy Papers* No.03, OECD

_____(2013a), "Public Spending on Health and Long-term Care: A New Set of Projections," *OECD Economic Policy Papers* No.06, OECD

_____(2013b), *Health at a Glance 2013, OECD Indicators*, OECD

_____(2013c), *Pensions at a Glance 2013*, OECD

_____(2014), *Budgeting Practices and Procedures in OECD Countries*, OECD